你現在的身分是兒子、女兒、學生、社員、職員、主管、老闆、情侶、老婆、老公、母親、父親、祖父、祖母、好人、壞人還是老人?

其實

你只是在夢中玩著一個扮家家酒的線上遊戲

不斷地重複玩著

生了又死，死了又生，生生死死，死死生生，永無盡頭

所幸

在這個遊戲中，有極少數的機率

不經意地，我們能夠發現有跳出遊戲的機會

登出鍵

Log Out Button

莫子 ——— 著

{ 目錄 }
Contents

PART **02**　　如何登出開悟

PART **03** 顯化法則

自序 *Preface*

　　我們都知道，玩線上遊戲時需要註冊帳號，然後登入遊戲，然而我們現在無法憶起我們真正的玩家身份，迷失在這個宇宙 online 的地球副本裡，假認遊戲中的角色是真正的自己而產生許多痛苦。這本書的目的，就是要將遊戲中角色賴以生存所需的一切信念、知識、邏輯、教育、社會規範、道德、傳統等等，全部解構、瓦解，以還原你是玩家而非遊戲中角色的真實身份。這本書就是這個虛擬 online 的登出鍵。

　　如果我們能夠理解，不論我們相信什麼，一旦相信了，就將被一個牢不可破的框架所限制，我們就能發現這本書並不同你以往看過的任何書籍，所有的書都在將概念塞進你的記憶中，成為你生存的某種準則，而這本書將會拆解你的思想、概念與認知，並且讓你賴以生存的信念「活化」。所謂的活化，指的是在閱讀這本書以前，我們對於世界與自己的所有信念幾乎是固定且一成不變的，但是經過解構的過程後，

你將更有選擇性與彈性地使用信念，甚至創造信念，又或是暫停一切信念而回到純粹的存在狀態（宗教稱為開悟）。

一個社會的形成，說穿了就是一套龐大的信念架構，而我們從小所接受的教育乃至於父母的教導、新聞媒體，以及各種書籍、所有網路資訊，就是在建構這套龐大的信念架構，在現今網際網路發達的世代，我們被植入的信念資訊量較以往更大、更多元、更複雜，而人們總是活得更忙碌、思緒更多、痛苦指數更高，只要拿起手機，就有許多直接傳輸到使用者端的信念訊息；換個角度來看，也就是人類越來越被信念牢牢控制而不得自由。

這本書無關於建構某種信念，所以我也不打算將它寫得架構清楚、條理分明，而是循序漸進，不斷地打破與拆解你原有的信念架構。

在這裡想問一問各位讀者，假如你現在生存的世界，是一個虛擬的遊戲世界（事實如此），你想成為怎樣的人？過著怎樣的生活？有著怎樣的遭遇？假如全都是因為我們的記

憶庫中裝載的「信念」決定了我們的人生，我們把「信念」看成遊戲展開的「設定」，就會更清楚看到信念與我們生活中一切的關聯性：我們角色的屬性、遇到的所有境遇，都是根據這些信念設定來運作；而從小到大被植入的設定，影響著我們遭遇的每一個境況。如果生活的開展就是如此運作的，我們知道了這件事，我們該如何生存？如何在人生中獲得自由？如何得到想要的生活？如何重設角色的一切？這裡說的，無關吸引力法則，並非吸引我所想要的來到我們的生活，而是如果生命並沒有限制，唯一限制就是信念，如果這一切都可以重新設定，我想要成為怎樣的人？過著怎樣的生活？又或是既然人生只是個虛擬實境的遊戲，那麼，遊戲外的真實生命存在，到底又是什麼？

伴隨著解構遊戲的設定，我們會證入生命最終的實相，我們把這個終極實相稱為「終極生命系統」，在證入「終極生命系統」後，我們擁有兩個生命的初始選擇，這是生命最初兩個分界、兩個選擇，這個證入我們稱為「登出」，一般宗教或世間把它稱為「開悟」。

也就是說，當登出開悟後，我們會有兩個選擇：

❶ 直接跳出遊戲，回到究極的真實生命狀態

　　　| 從人生徹底解脫 |

❷ 重新設定遊戲，體驗我想要成為的人與生活

　　　| 控制人生，遊戲人間 |

不論哪一個選擇，都是解構信念後的結果，這將讓你原來的生活徹底瓦解、徹底融化、徹底改變。閱讀到這裡，你已經知道這本書不僅僅是一本閒暇時閱讀的小品，而是人生的重大決定，也因此說明了書名為什麼叫做《登出鍵》，但我們別誤解了登出後，就會失去遊戲中的一切；相反的，我們了解自己是玩家，而非我們假認的自我時，我們就會更自由，擁有選擇的主導權。

至於要不要按下登出鍵？無法決定者、不想改變現狀者、永遠擁抱著舒適圈者，看到這裡就可以了。

關於莫子 *About Mozi*

　　我與大多數人一樣，平凡的誕生、平凡的童年。出生在香港的一個普通家庭，是家中獨子，家庭生活也很單純。三歲以前，我有著許多不屬於今生的記憶，三歲過後漸漸就遺忘了。從小每當進入黑暗的地方，我就會看到虛空中有著五顏六色的光暈變化，非常有趣，幾乎每晚睡前我都會看上一段時間才會入睡。

　　小時候常常做著同一個夢，夢境中我飄浮在類似太空的地方，遠遠見到一個巨大的轉輪，以緩慢的速度旋轉著，距離應該有幾百米。對我而言，這個轉輪有著吸引力，會將我飄在虛空中的身體吸過去，雖說是身體，其實我知道自己並沒有物質化的身軀，只是一團光影，但仍然有著一種存在感。當我被吸向轉輪時，越靠近轉輪，飛行的速度越快，當距離大約來到一百米左右，我被迅速地吸入轉輪，之後就感覺自己在一個身體裡。後來我才明白，那像是一個入胎的過程。大約十歲以前，這個夢每隔一段時間就會出現一次。

在我大約七八歲的時候，爸爸總是利用晚上的時間指導我學校的功課，我很喜歡聽爸爸說話的聲音，常常都只是單純地聽著聲音，而沒有注意他在說什麼，每當我這樣聽著，一段時間就會感覺自己好像掉入一種寧靜、喜悅、舒服的覺受裡，我十分喜愛在這樣的感覺裡，有幾次彷彿失去了對事物的認知，但卻不是睡著，而是清清楚楚地存在著。這樣的情形，有時候會感覺掉得很深，整個人定住了。

就在某一次聽著爸爸的聲音，很快的我就進入了這種清明但是一念不生的狀態，忽然我感覺整個意識掉進了無邊無際的大海裡，成為了無邊無際的大海，一整片非常明亮的感覺，我只是單純全然的存在著，再也沒有任何信念、認知、內容。只有存在，無邊無際的存在。

不知道過了多久，聽到了爸爸喊我的聲音，起初不知道他說的是什麼，慢慢地我聽懂了，爸爸說他在念課文給我聽，一段時間看我好像在發呆，跟我說話也沒理他，他就去做自己的事，現在做完來看我，我仍在發呆，事實上已經過了三個小時了。

從那天開始，我看世界的角度變得不太一樣，常常保持在一種很清明，卻空空的狀態看著世界的現象，這樣的情形

大約持續了一年多，也不太愛跟其他小朋友玩，後來移民到台灣，或許是要適應新的環境，慢慢地，我恢復了原來的狀態。雖然如此，但我隨時要進入這種空空的視角，立刻就可以進入，小時候我並不了解這是什麼，只覺得是個很舒服的體驗。

有一段時間，我好像常常接收到某些訊息，我就會用一種並不屬於這個世界的語言說出來，但身體並不會感到任何的不適。母親聽到我發出這些音節，一開始會慌張，認為我是不是頭腦有什麼問題？但隨著時間的流逝，也就見怪不怪了，這樣的情形大約持續了一年多。

在成長過程中，並沒有其他特別值得一提的事，直到入伍服役。我是海軍艦艇兵，服役期間戰艦時常出港執行任務，在船上閒暇的時間很多，當時我對佛學產生了興趣，閒暇時會閱讀與佛學相關的書籍和經典，也會每天練習禪定。放假時，我遇到一位藏傳佛教的上師，常常得益於他的指導，讓我對於佛法有更深入的了解。退伍後，在社會上工作了一段時間，也盡量利用時間禪修，但深深覺得生命不應該耗費在修行以外，便辭去工作，租了間套房一人獨居，閉不出戶的

專心修行，當時我一天只吃幾片餅乾，但是精神卻非常好，體力上也並無異常。

　　直到有一天，正在禪定的時候，我對於身體的感知、對於存在的信念都進入一種薄薄的狀態時，牆上的掛鐘忽然掉了下來，發出一聲巨響，在那一瞬間，所有的定義、信念、認知完全脫落，親見生命的本質。我不知道在這片生命本源的大海中停留了多久，當我又生起信念的時候，發現已經過了很長的時間，可能有一天多之久，這時候我才憶起原來小時候也有這樣的體會，只是深度沒有這次的深刻——原來我們每個人從未離開過這個生命的本質，只是沒有發現而已。在這個體驗發生的時候，世界與我頓時消失，剩下來的，只有無限大的覺察，在一種完全沒有分裂的完整裡，這種完整並非一種完整感，而是「我就是那個完整而無限的整體」。在這個整體的狀態時，完全無法生起任何的信念，所以也沒有自我與世界，只有生命的本身赤裸裸地存在著。之後再度覺察到世界時，世界只是這個整體的一小部份，自然而然從整體的角度看著內在所謂的世界。

　　像這樣的體驗，在之後的人生裡也發生過許多次，有大有小，有深有淺，一直到現在。而我現在生活著，必須要稍

微集中注意力在這個世界上，才能像這樣與大家說話，否則
會彷彿與世界產生很遠的距離。相對而言，空無的圓滿對於
我的吸力更大，用另一種方式來說，我必須花一些力量凝聚
這個虛幻的人格來生活。

　　在這些體悟以後，我都是過著閒雲野鶴的生活，對於
世俗的事情總是漠不關心。直到五十歲，遇見了我的雙生火
焰「喬喬」，她希望我能將自身的體會讓世人知道，所以從
2019 年 3 月開始建立了《雙生紫焰》YouTube 頻道，藉由影
片傳遞我所體悟與所知道的事情。內容分為兩個部份，一部
份是以「登出開悟」為前提的影片，而另一部份是與「顯化」
相關的影片，至今已拍攝一百多部，數量仍在成長中。登出
開悟與顯化這兩個議題，包含了人類存在的兩大主軸，所有
關於生命的問題，都無法離開這兩大主軸，這兩大主軸在接
下來的篇幅中，將會系統性地介紹給大家，它們清晰而簡單，
極易理解。如果把生命看成是夢境，登出開悟就是關乎醒來，
而顯化則是如何在夢境裡成為清明夢，進而掌握夢境，不再
被夢境所操縱。

在這裡說明一下，大部份的人對於體悟生命本質這件事，有些觀念是有誤解的。一般人會把體悟生命本質稱為開悟，如果稱為開悟，那麼是否有一個開悟的人，或稱為開悟者？事實上，當它發生的時候，原本的人格並不會存在，並沒有一個人發生開悟，而是生命的本質單純赤裸地存在著，沒有人也沒有世界，這件事並非一個人達成的成就。一般人活著，有個人的人格、有對整個世界的認知、有存在的生命本質這三樣事情，而發生這件事情的當下，個人人格不在，所有對世界的信念、認知不在，只剩下生命本質存在著，所以我們說某某人開悟，這實在是一件沒有道理的事情，人格不會開悟，世界上沒有半個人會開悟。而生命的本質，人人皆有，並非某個所謂開悟者獨有，而是我們每分每秒都活在生命的本質裡而不自知；更準確的說法是，我們就是這個無邊無際的生命本質。

登出開悟　回家之路

01
PART

登出的旅程

讓我們先開啟一段簡短的旅程，來稍微理解「開悟」。

事實上，我們打從一出生，就存在於一個叫做「宇宙 online」虛擬實境的線上遊戲中而不自知。在遊戲中，我們認為所謂的「我」，就是遊戲中的主角；我們把遊戲的所有場景、情境與遭遇，都當成了這個我的體驗，日復一日。宇宙 online 遊戲場景中有宇宙、銀河、太陽系、地球以及地球上的許多國家，每當我們到一個地方，眼前就會出現該地方的影像、聲音、氣味、觸感等資訊，然而實質上只是程式呼叫了該地圖的資訊顯示在螢幕上，讓我們體驗其真實性。直到有一天，你從遊戲中某個不知是 NPC（Non-Player Character）[註] 還是其他玩家操控的人物角色處，獲得了所謂「登出」技能的訊息，知道有登出這件事。而登出的方法，並非遊戲中的任何行為，無法利用遊戲中的任何道具達成，也沒有任何按鍵可以選擇；相反的，是暫停遊戲，並且對遊戲中的任何人、事、物的認知與信念暫停辨識。當暫停的時間夠久，深度夠深，就有可能來到一個轉折的瞬間，啪的一聲，跳出遊戲。當跳出遊戲發生時，原本遊戲中的你所扮演的人物角色完全不見了，遊戲中的場景也完全不見了，你忽然醒覺，發現你並非

遊戲中的人物角色，而是坐在沙發上、頭上戴著頭盔接收神經傳導訊號的那個。此時，你恍然大悟，你並非遊戲中的人物角色，而是一直操控著人物角色的那個主人翁。當「登出」發生後，你看清楚真實世界的面貌，真實世界看起來一無所有，但待在其中卻感覺到前所未有的圓滿。一無所有是因為任何現象都是多餘的，有了任何現象，就會有解釋，任何解釋都會讓你產生信念而將當下完整的圓滿感切割成不圓滿。你知道增一分都是多餘的，這一無所有的圓滿就是未曾分裂的整體，你體會了一體性與完整性，知道原來不圓滿，來自於信念將圓滿的一體分裂出二元性。

真實世界可以完全與遊戲中的一切毫無關聯

但真實世界卻也包含了遊戲，整個遊戲是在你的真實世界中

（註）：非玩家角色或稱非操控角色。意指遊戲中不受真人玩家操縱的遊戲角色。通常某些 NPC 會掉落道具，可為玩家提供遊戲訊息，或觸發劇情。

在完全體會了遊戲外的真實世界後，遊戲又再度出現了，不過你不再認為遊戲中的人物角色是真正的你，你開始以玩家的立足點回到遊戲中，而這個立足點將不會輕易失去，除非過度沉溺於遊戲，才有可能再次失去這個立足點，而誤認遊戲中的角色人物是真正的自己。

　　當再次回到遊戲時，你發現遊戲的生成，包括人物角色的設定、遊戲中遭遇的任務與遭遇的 NPC，以及其他玩家所控制的人物角色、遊戲場景等，全都因你所產生的信念而自動生成與連結。這個宇宙 online 遊戲是個自動計算／無限生成系統，你的一切信念，將被遊戲生成境遇，包括遇到的任何人事物以及場景──原來遊戲中遇到的一切並非預先設定好的，而是根據信念生成的。由於遊戲時間可能非常長，所以信念所生成的遊戲場景十分多元，有分成各種維度的場景，也有非實體的內在場景（例如夢境、想像力、靈界等）。已生成的場景，在遊戲中形成了某種引力場，遊戲中的人物因頻率屬性不同，會自動與某個場景相應而身處於該場景。這種效應尤其反應在人物角色在遊戲中死亡的過渡時期，將會因為頻率的相應，自動連結到某個場景而繼續遊戲；該人物之前的外在屬性重新因應場景而調整，而潛藏的人物屬性將

永久記錄於**人物內在資料庫中**。

　　每當遊戲出現任何境遇，會立即自動提取人物內在資料庫中的信念資訊來比對境遇，但如果你使用玩家角度的立足點，而非人物角色的立足點在進行遊戲，你將發現這個被自動提取出來的人物內在資料庫資訊會被消除。所以你牢牢地立足於玩家的視角進行遊戲，就會自動不斷地消除人物內在資料庫資訊；進行遊戲的時間越長，人物內在資料庫的資訊就消除越多，而你自動生成的遊戲就越來越單純。

　　這時候你會發現，當遊戲在使用人物內在資料庫資訊生成遊戲境遇時，可以對提取的人物內在資料庫資訊做修改，改成你要的信念而去生成你想要體驗的境遇，而下次回存時就變成你改過的資訊，而非原來的資訊。在這個過程中，「相信」是個將資訊生成為境遇的穩定作用，也會成為一種鎖定作用，當你十分相信 A 時，你便很難將資訊更改為 B，而玩家視角則有助於軟化這種堅固的相信。事實上，遊戲的自動生成系統並沒有任何的生成限制，任何的限制皆來自於「相信」，這種相信並非我們思維上的相信，而是人物內在資料庫裡的設定，我們可以理解為「潛意識」，甚至是「深層的潛意識」。

對於始終保持著玩家視角的立足點來說，有兩個不同的方向來進行遊戲：

一、如果仍然熱衷於遊戲的進行，你可以隨心所欲地在人物角色遭遇境遇、自動提取人物內在資料庫資訊的當下，去修改所提取的資訊，來達到更改遊戲軌跡的效果，盡情玩一個超級玩家的遊戲，這就像你在清明夢中隨意改變夢境一樣的揮灑自如。當然這仍需要一段時間的練習，才能達到得心應手的境界，尤其是面對許多根深蒂固的「相信」，你要能修改資訊，的確需要諸多的練習。

二、如果你以回歸真實的徹底圓滿為依歸，自然而然放棄所有信念、單純看著境遇發生時，自動提取的人物內在資訊，都會在單純的玩家視角下不斷地自動消融，你將會越來越接近徹底的圓滿，也可以說是你站在圓滿來看分裂的二元信念，二元信念會被一元的圓滿吞噬。

隨著不斷地消融人物內在資料庫裡的信念，你將會發現遊戲內所有的狀態都越來越接近遊戲外的徹底圓滿，你的玩家視角越來越擴展與穩固。如果要快速地消融信念，可以藉著接觸遊戲角色、幫助角色登出來達到，因為每個人都有不

同的問題、不同的信念，接觸更多的角色，他人的信念會牽動我們內在的信念浮現，讓自己覺察到，進而消融它。這是一個好方法，是一個加快消融自己內在信念的方式。實際上，遊戲內的所有人事物，我們能見到的都只是信念而已，實無真實人事物的存在。

看了以上這一大段講述遊戲的內容，我們已經對人生、生命的真相、開悟等有了概略的理解，這些內容不是為了在你內心建構另一個思想系統，而是為了鬆動你原有根深蒂固、牢不可破的信念系統。接下來，我們不必死記書中的任何內容，輕鬆地往下看就可以了。

如何閱讀這本書

語言文字所傳達的，不單是字面上具有的意思，也是能量的載體，其背後蘊含著傳遞者流露出來的能量。所以我希望大家閱讀這本書的時候，不要在意字面上的意思，輕鬆地讀過去就好，不要去記這本書的文字，重要的是藉由閱讀來體驗、接收我所傳遞給你的文字背後的能量。真正拆解信念的作用，將來自這些能量，它是來自空的能量。世界上絕大

部份的書籍，都是要將傳遞者的某些信念，透過文字建立在讀者的心中；信念是「有」的能量，而我所傳遞的，是「空」的能量，它是用來拆解與消融信念的。你只要輕鬆地讀它，越放鬆越好，讓這些話語流過你的心即可。

另外一點是在出發前，有一些準備工作先請各位配合。首先要請各位放下過去所有的知識與信仰來閱讀此書，因為我要說的，是完全超越你原來所吸收的信念，如果用過去所學的信念來比對我所說的，那麼一切都會被你原有的信念架構吞噬，而讓我所說的完全失去意義。請你以一張白紙的狀態來閱讀這本書，不要用過去的任何信念來比對，這樣才有機會對你產生些許幫助，幫助你解構過去的信念系統，並轉化接下來的人生，讓你從綑綁你的人生故事裡，一點一滴地解脫出來。

對生命的疑問到體驗生命

大部份的人們，或多或少都思考過「我是誰？」這個問題，生命是什麼？宇宙又是什麼？有邊界嗎？那麼宇宙的邊界外又是什麼？宇宙有開始嗎？宇宙是始於大爆炸嗎？那麼

大爆炸之前又是什麼？我們的意識是如何？意識的領域有多大？意識有什麼可以探索的？

隨著我們年紀漸長，這些大哉問一個個地被升學、賺錢、升職、愛情、婚姻、生育等問題給徹底吞噬，一直等到退休後，閒暇無事的時間多了，才又會想起這些問題。而當我們跨過了退休的門檻，一個人生最大的疑問與困惑離我們越來越近，那就是死亡，也往往是我們意識到死亡的存在，才會開始探討生命是什麼？這時候或許就會開始接觸宗教，因為宗教談的，就是生命。

宗教總是披著神秘的面紗，那些看似深奧的道理，總是讓人難以親近，似乎非要多年深入的體會，才能一窺堂奧。而另一方面，宗教的典籍都是古老的文獻，那些智者所傳遞的道理，似乎也是針對當時不同的民族、不同的文化、不同的時代所說的，拿到今日手機進入 5G 的現代來體會，不一定合適也不容易消化，所以在這個時代，求道者多，得道者卻少之又少，造成我們的壽命始終趕不上對生命真相的體會，還沒真正體驗生命的奧秘，就已白走一遭。

除了宗教之外，就是數量龐大的書籍、影片、教學等，內容包羅萬象、應有盡有，但也讓人眼花撩亂，不知道什麼

訊息才是真實而有益的？在這個時代最不缺乏的就是選擇，但不論你如何選擇，往往也只是徒增見聞，在你的記憶庫裡，多塞了一些信念罷了。

　　或許我們花費了許多時間來解讀生命，閱讀人生雞湯、探索宗教經典、鑽研量子力學，但是這一切都只是在吸收信念，對於生命，我們始終沒有真真切切地去體驗它。然而吸收知識，其實只是信念的堆積，我們要分清楚，信念與體驗是完全不同的東西，但我們的教育把我們培育成一個學習知識的機器人，也就是輸入訊號，然後根據訊號行動，整個社會就是這樣的運作。

　　本書從談論生命開始，並非企圖將諸多信念塞給你，而是從一開始就進入一個解構的過程，不僅談論、說明如此，一些練習更是如此。所以看到這裡的朋友，我就當你已經考慮清楚了，繼續讀下去，我將毫不保留地引導你，瓦解你從小到大、甚至投胎轉世帶來的固有信念，解構越多，你就獲得越多自由的生命主導權，也就越靠近生命的實相。

登出鍵

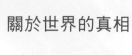

關於世界的真相

　　接下來我要說的，或許會讓你非常震撼，但這一切都是事實，就是我們身處的世界、社會、生活，只是被刻意安排、編織出來的架構。這個架構形成的原因或許很複雜，或許是基於安全性考量所設計出的一套系統，大家生活其中而得到適當的保護，形成一個安全的社會結構，不至於出現混亂而導致物種的毀滅。不管基於良善或是生存的考量，亦或是基於控制的原因，這整個結構，就是一個大家講好、協議好的扮家家酒，人類的一種**共識現實**。共識現實就像球賽的規則一樣，一群人開會制定規則，內容經由討論溝通後形成，彼此達成共識──不論真相，只論共識。我們從小到大、從學校到社會，所接收到所有訊息都是為了要將我們所認知的，規範在一個刻意建構的系統之下而產生，像是一種有運算系統的生化機器人，輸入了程式碼後，就會按照程式去工作、建設、生活，終其一生。

　　我們以為我們是自由獨立思考的個體，其

實我們所賴以思考的種種概念，都早已
被刻意建構在我們的記憶庫中。假如我要你
只能選擇奇數，只要在教育上，只教導你奇數就
可以了，活了一輩子，你所選擇的無論是13579，
永遠只會在奇數的基礎下做選擇，永遠無法選擇
2468，這時候你以為你是一個獨立自主的個體，其
實只是被控制的生化機器人。

　　為了有效的控制社會，控制輸入到我們記憶庫
中的信念是最有效的方式。對於控制手段來說，教
育永遠優於律法，控制你所知道的，就能完全控制你的
行為。規範行為的律法，已經是不得已的手段，或許控制，
是一種社會安全的考量，但是在這裡要說的是，大幅度把你的
整個生活限制在一個編織出來的小範圍裡，或許就不僅是基於安
全性為出發點，而可能是限制人類過度發展的手段。當然，本書
並非要談論陰謀論，而是要解放讀者的潛能，更進一步的，能讓
讀者接近生命完整、完美、圓滿的實相。

　　這個世界上所謂進步的文明，造就出忙碌的生活，從小
努力讀書、升學，長大後出社會要努力工作，結婚生子，
為了下一代，我們要更努力的工作，等到我們接近

退休的年齡，已經年老力衰，這樣的生命模式是有意義的嗎？工作、工作、工作，或許我們只是社會機器裡的一個自動化程序、一個機器人，大眾運輸交通工具有如輸送帶，把我們送到各自的工作地點，然後我們又開啟自動化工作程序，工作、工作、工作……。

有許多人問我說：「我也知道這樣就像機器人，漫無目的地浪費生命在工作上，但是如果不是這樣，又能如何呢？我們總是要吃飯，要有個遮風擋雨的家，生活不就是為了生存嗎？」依託於這樣的想法，在現今的社會裡生存著再正常不過了，但在這裡，我要提出完全不同的看法，從這裡開始，你將經歷一段完全不一樣的信念洗禮。這不是「吸引力法則」或「心想事成」這樣的論調，這些理論還是以你原來的世界觀為基礎而開展的，我要告訴你的是，你所認為的世界、你所認為的自己，從一開始就完全而徹底地搞錯了。要從這個搞錯的世界中解脫出來，我們不必脫離現在的社會規範，我們只要知道在生存的生命實相中，可以直接用另一種系統存活著，甚至超越所有的系統而存活著就行了。要進入下一章了，在這裡我們即將開始一段特別的旅程。

$$\infty$$

夢・虛擬實境・現實

在這裡，假設你已經放下你所認知的所有信念系統了，我將開始我的講述，而講述的本身也是引導的本身。

首先我們想像一件事：我們現在正在作夢。我夢到在看一本書，我在房間、客廳，或是室外看著一本叫做《登出鍵》的書。現在我將我的視線看看周圍的環境，聽聽環境中有著那些聲音？因為這是一個夢，所以這些視覺與聽覺的所見所聞，可以把它解釋為視覺的訊號以及聽覺的訊號，我所覺察到的這一切情境，全部都在我的夢中，而我的整個夢境都存在於我的意識當中，因此我所見所聞的人事物，乃至於整個世界，都在我的意識之中，這樣沒有錯吧！

我們如果把這樣的概念，套在我們生存的任何時間，也

就是我們其實一直活在夢中，我們晚上睡眠進入夢境，白天起床跳到另一層夢境，因此我們一直活在意識當中，而從來沒有所謂真實的物質世界，你覺得這是有可能的嗎？（如果此時你的邏輯思維提出很多的抗辯，請先如我之前說的，把信念放下，不要用過去的信念去比對我所說的。）

其實視覺、聽覺、嗅覺、味覺、觸覺，都只是電子訊號而已，當我們看到一個物體，只是一個視覺的感官訊號，從來就不是一個實體，就像是電視中的影像，有著視覺訊號（影像）與聽覺訊號（聲音），只是少了嗅覺、味覺、觸覺。在未來的時代，虛擬實境可以將視覺、聽覺、嗅覺、味覺、觸覺一起送到我們的腦中，並且各項解析度都能達到現實所見所聞的水平時，我們就無法分辨真實與虛擬了。或許事實上，打從我們出生起，就活在這樣的虛擬環境中而不自知。

有一個說法，或許有人聽說過，或許有人講述過，而這是一個頗值得深思的點，所以在這裡我也再次提出來。宇宙的年齡大約九十億年，而地球的年齡大約四十六億年，人類在地球上，可能經歷了幾次文明的興起與殞落。近代曾發現三葉蟲化石上有六億年至二億五千萬年前的人類鞋印，還有

在非洲加彭共和國發現二十億年前的大型鏈式核反應堆，另外在現今南非發現二十八億年前的金屬球。根據地質學紀錄，僅僅是大範圍的生物滅絕，地球就至少經歷了五次，與瑪雅曆法的預言傳說，共有五次毀滅和重生的週期恰好吻合。

在現今的文明中，個人微電腦的發展始於一九八〇年代，至今也不過四十餘年，預估再往下發展，虛擬實境技術應該在二十年內，就能研發出將訊號送入人類五種感官的應用，到時候真實世界與虛擬實境的界線就難以分辨了，也就是說在未來不久的將來，沒有所謂絕對的真實，一切都活在訊號的世界裡。

這裡說了這麼多，要表達的是，我們現在正身處於虛擬實境發展初期的短短幾十年間，如果越過了這個點，真實世界與虛擬實境也難以辨別了。在宇宙年齡或是人類文明的幾十億年間，這幾十年只是一個極小的點，而我們卻剛好誕生在這個尚能辨別真實與虛擬、兩者的界線越來越模糊也越來越靠近的點上，這樣的機率到底有多大呢？

愛因斯坦（Albert Einstein, 1879-1955）曾經說一句令人玩味的話：「現實只不過是一種幻象，儘管這幻象久久揮之不去。」而特斯拉（Tesla Inc.）汽車公司執行長馬斯克（Elon

Musk）表示：「我們只有十億分之一的機會生活在現實世界中。」有沒有可能，我們現在所熟悉的世界，就像電影《駭客任務》（The Matrix）中的母體電腦所模擬出來的呢？又或者愛因斯坦說的是，我們正在做著一個時間較長的夢，一切的一切，自始自終原是夢境一場？

不論是虛擬世界，又或是夢，又或是所謂的現實
其實一切都只是眼前的訊號

宇宙到底有多大？你生存的世界有多大？

宇宙有多大？真實世界到底有多大？可能科學家無法精確回答的問題，我用一句話將它回答完：「事實上，整個宇宙就是我們眼前所能看到的這個框框這麼大。」我們所能接觸到的世界，其實就是我們可見的範圍。

人眼可視角度的範圍通常是 124 度，當集中注意力時約為五分之一，即 25 度。人類單眼的水平視角最大可達 156 度，雙眼的水平視角最大可達 188 度；兩眼重合視域為 124 度，單眼舒適視域為 60 度。也就是說，我們的世界就是眼前的

124 度，這 124 度就是我們人類螢幕的範圍。我們看電影的時候，整個螢幕就是電影世界的範圍；玩電腦遊戲的時候，電腦螢幕就是我們的遊戲範圍；而我們的生存空間，事實上就是這 124 度的肉眼範圍。我們終其一生，活動的範圍就在眼前的這個框框裡面，框框裡頭一堆線條與顏色動來動去，加上我們的解釋，造成了我們的世界。當然除了視覺，還有聽覺、觸覺、味覺、嗅覺予以輔助。

我們會說，世界很大，宇宙很大，有太陽月亮，太陽系之外，還有銀河系的存在。但是我們想想，這一切都只出現在教科書裡，並不在我們眼前的框框裡出現，而生命就是在每個當下，我們對眼前框框的解讀而已；即使有一天我們看著天文望遠鏡，看到所謂銀河的存在，也只是我們當下對眼前框框看到的情境做出解釋，解釋那是銀河系，如此而已。這時候銀河系仍然在眼前的框框之中，這個框框就是我們的生命電視。事實上我們每天都只是在看著電視，而與電視節目一樣，電視裡的影像只是電視接收訊號，然後對接收到的訊號進行解碼，播放在顯示幕上而已。有些新時代的看法，覺得世界有維度的分別，但是不論哪一個維度，也只是感官訊息的接收，你眼前出現一個五維度的畫面，它仍然在你眼

前的框框裡，就算不是 124 度的框框，最多也是環場 360 度的視覺訊號，一切都只是訊號而已，而我們接收到的一切，也完全離不開生命構成的三要素：**覺察**（真我）、**被覺察**（接收訊號）、**解釋**（解碼訊號）。

真實與虛擬的交會點──生命構成的三個基本要素

真實與虛擬，又或是現實與夢境，其實只要夠真實，賦予五種感官的訊息量夠多、解析度夠高，對於我們人類來說就是真實的。我們整個生活存在的流程就是：使用眼睛、耳朵、鼻子、舌頭、身體接觸到現象（視覺、聽覺、嗅覺、味覺、觸覺），之後我們提取記憶庫中對現象的解釋，用記憶中的解釋比對現象而獲得感受，進一步思考、延伸、聯想，最後產生結論，儲存回記憶庫中。這個過程我們想都不用想，就會自動完成。對於這樣的生存機制來說，一切都是運作在五種感官的訊號上，所以真實與虛擬並沒有任何的不同，現實、虛擬實境、夢境，只要夠真實，對我們來說是完全一樣的。

這整個過程的基礎，就是「感官訊號」以及對於訊號的解讀，我稱之為「解釋」。感官訊號是我們接收的「客體」，

包含我們的思想、思維也算是一種感官，所以感官事實上有六種，也就是視覺、聽覺、嗅覺、味覺、觸覺、思想，這些都是我們所能觀察的對象。所以整個生命存在只有三個面向：覺察、所覺察之感官訊號（現象）、對感官訊號之解釋（信念）。

覺察、所覺察者、對所覺察者之解釋，以下我將簡化為「覺察」、「所覺察」、「解釋」。這三者對應於現實世界、虛擬世界或夢境，完全沒有分別，其分別只在於「解釋」的不同而已，所以常常在一些較為真實的夢境中，我們並不知道身處於夢境，必須等到夢醒時分，才知道原來是黃粱一夢，原因就在於我們將夢境中的情境，「解釋」為真實的情境，真實與非真實，其實都只是我們接收到的感官訊號強弱上的差異而已，對於我們的生命來說並無二致。

在這裡，我要對生命構成的三要素做進一步的說明。「覺察」、「所覺察」、「解釋」，也可以說是「覺察」、「現象」、「解釋」，而這裡所說的現象，指的是一切可以覺察的對象。除了我們五種感官所能接觸的一切對象外，想法、感受也是

我們能覺察的對象，所以不論外在的現象或是內在心裡的現象，都是現象，都是可以覺察的對象。當我們接觸一個對象時，第一反應就是從記憶庫中，搜尋對於這個對象是否有可以比對的信念，把可以與這個對象相合的所有信念，一次搬出來比對。舉一個例子，當一部汽車從我們眼前駛過時，我們在一瞬間就提取許多的信念來與這個對象相合，例如汽車、新或舊、車上有多少人、幾個大人幾個小孩、有沒有寵物、車子顏色、車窗玻璃深淺、車子廠牌、車子價位、輪框形狀、駕駛速度、離我多遠、對我有沒有危險等等。

這些信念都是過去我們的記憶，儲存在記憶庫裡的信念，我們根據這些信念來認識世界與自己，比對出一個當下世界的完整輪廓。這意味著什麼？意味著世界任何現象並非存在著固定的特性，而是端看覺察者內心儲存對現象的解釋而定。

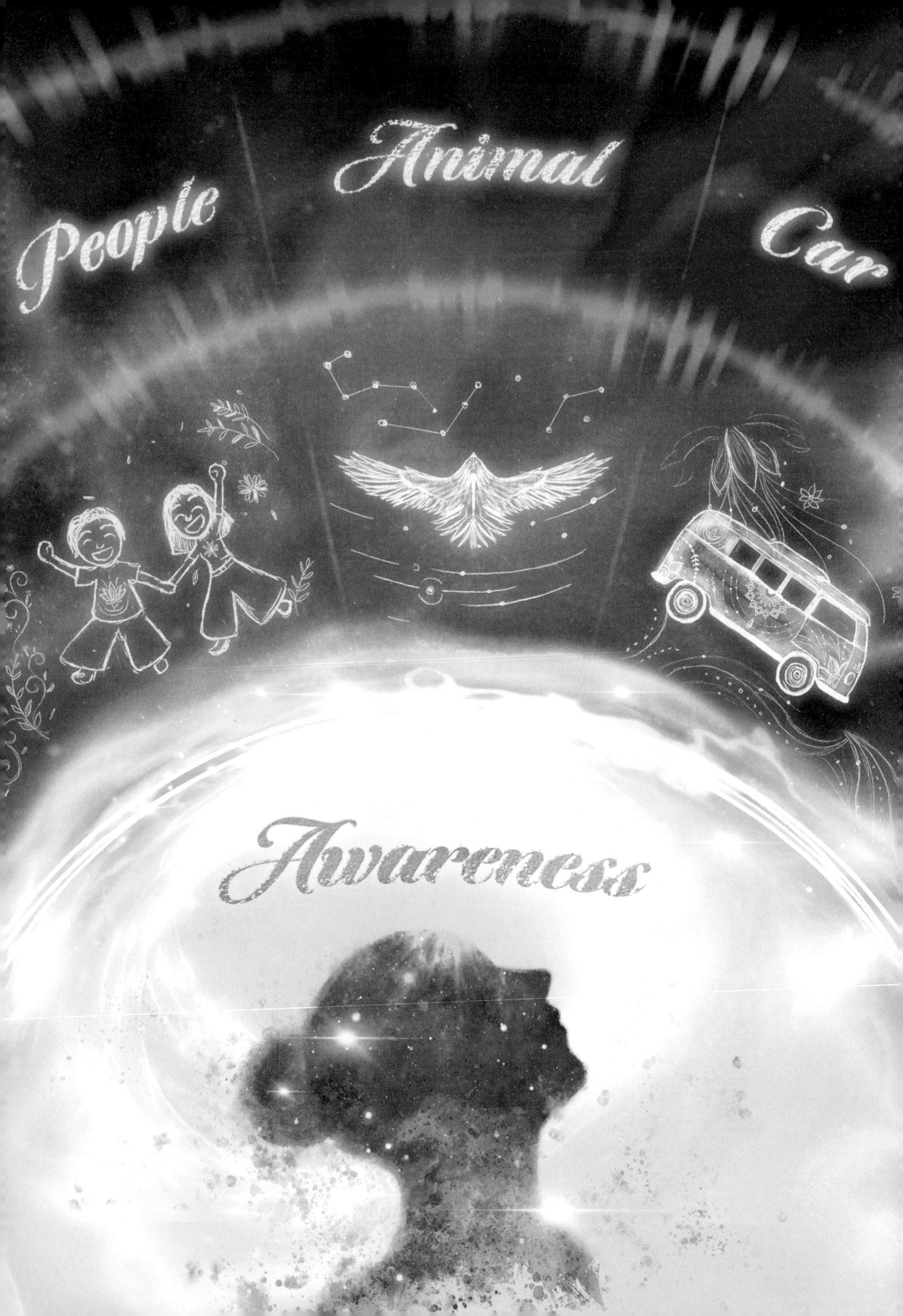

People
Animal
Car
Awareness

人生是沒完沒了的故事

我們的人生，從早到晚注意著現象，從現象我們看到了解釋，許多解釋串聯成一個情節，許多情節串聯成故事，許多故事串聯成為人生，生活就是如此開展的。故事並非一種錯誤，故事是為了提供我們感受而存在的，照理說我們可以利用創造各種不同的信念，而創造不同的思維，並且顯化不同的情境，體會不同的感受，這是自由、有趣的經驗，但是我們並非如此生活著，我們無法控制我們的信念，而是被信念所控制。每當我們的視覺、聽覺、嗅覺、味覺、觸覺一接觸到情境，我們在千分之一秒的剎那，提取了記憶庫中過往的信念來比對情境，立即得到結論而產生感受。至於提取哪一個信念來比對，全是由過去曾經遇到相同情境時，提取過哪一個信念來決定；而這個結果又會造成下次遇到相同情境時，提取一樣的信念來比對。這種無法改變的循環，我們稱之為「習性」。所以我們即使知道，遭遇的情境是由我們的信念所顯化的，我們也無法決定採用對我們有利的信念來比對情境。舉個例子來說，每當遇到塞車，我們在第一時間認為這是一件倒楣的事，進而產生不耐煩的情緒，而情緒本身

就是頻率，這樣的情形會產生一個「塞車等於倒楣」的結論，這個結論會回存到記憶庫裡，並且顯化下一次塞車情境或相同頻率的情境出現，也就是會引發你不耐煩情緒的情境。

在這裡，信念是構成下次顯化情境的藍圖，而情緒強弱則是構成下次情境出現的規模大小或強度。從這個例子我們發現，我們所抗拒的事情，會促成下一次顯化相同或類似情境的發生；而各種頻率的情緒，也都會成為各種情境顯化的燃料。

因為我們過往信念所顯化出來的情境，堆積成我們每天的人生故事，我們在這些自己用信念寫下劇本的故事中生活著，被故事的情節牽動著我們的感覺、感情、思維，然後又不由自主地創造了劇本，延續著沒完沒了的故事情節。我們煩惱著，我們憂傷著，我們憤怒著，我們焦慮著，我們恐懼著，我們開心著，我們期待著，我們享受著，我們不斷不斷地循環著，這就是我們每個人的生活——我們活著！

佛學上所說的輪迴，指的不只是一輩子一輩子的循環，而是我們每分每秒、每個信念所導致的不斷循環，無盡的循環，沒完沒了，永恆的迴圈。如果不想在這個自動生成系統

中無盡地輪迴，我們必然
要有方法終止這樣的死循
環。弔詭的是，所有循環
都是因為信念而延續下
去，我們就無法使用任
何方法來終止迴圈，因
為任何方法都需要動用
信念。這個世界上不乏
仰賴宗教、修練等方法
企圖要終止這樣的迴圈，但

是大多都失敗了，即使是佛法，也說成佛要三大阿僧祇劫，
一個大劫正好是世界經過了一次的成、住、壞、空，因此，
當世界歷經三次成、住、壞、空，也就是經過三度大劫的時
間，世界從成到住、住到壞、壞到空、空到成，各需要大約
三億二千萬年，宇宙就在成住壞空的過程中，反覆生滅，每
一周期大約需時十二億八千萬年。因此，三大阿僧祇劫大約
是三十八億四千萬年之久，人類壽命最多一百年，也就是需
要三千八百萬輩子才能解脫。

在故事中，使用任何方式來從故事中解脫出來，都是一個沒完沒了的過程。故事中的任何方法都需要使用信念，然而使用信念又如何能離開信念呢？所以才會需要三千八百萬輩子才能解脫，但是如果不是這樣，真的有方法可以迅速解脫嗎？在這裡告訴大家，使用的方法就是放下所有的方法，放下所有的信念，直接安住在故事外的覺察上來離開故事。這是一個沒有方法的方法，一道無門之門、無路之路，唯有這樣，才能直接離開故事。

我們正做著一個夢，離開夢境的方式
就是放下夢境中的一切清醒過來，而不是在夢中找尋任何的方法

人生只是追求徹底圓滿的旅程

人們打從出生以來，一直在追求金錢、地位、愛情、友情，無論你追求的是什麼，最終最內在的原因，其實只是為了追求徹底的圓滿。

我們可以輕易地發現，作為一個正常的人類，只要保持追求著某些理想，心中有著某些願望，就會不停地追逐下去。達成一個願望後，對於願望達成的滿足會立刻進入一個消退的過程，很快的，你就會轉向一個新的目標，這是一個不斷循環的迴圈。

比如你花了五年的時間，努力工作賺錢，終於得償所願，興高采烈地買了一部車，非常開心地在路上兜風，體驗新車為你帶來的一切感受。剛開始的前幾天，真是個非常興奮的經驗，隨著時間的推進，興奮感也開始消退；一個月過去了，塞車的煩躁感開始浮現，尋找車位的煩惱也相繼到來，一切都不再那麼美好；又一個月過去了，感覺就像以前開的那部老車，就是一輛交通工具。當一個願望被滿足的那天起，就進入了熱情消退期，我們一次又一次地尋找那永恆而徹底的圓滿，卻一次又一次的失望，直到生命的盡頭。

在人生故事裡，不論任何的情境，都無法讓我們升起徹底且恆久的圓滿，事實上，每個人內在深處的唯一願望，就只是這個徹底且恆久的圓滿而已；而修行的目的，也就是達成徹底的圓滿。換句話說，其實每個人都在修行，只是管道與方式不一樣，有的人在藝術的道路上，有的人在商業成就上，有的人在追求名聲上，有的人寄託於宗教，不論你追求的道路是哪一條，說到底都是為了追求圓滿。

但我在這裡告訴各位一個壞消息：不論你走的道路是哪一條，沒有任何一條可以到達徹底的圓滿，因為無論哪一條道路，它都必須動用信念、創造故事。徹底的圓滿並非不存在，而是不存在於信念所形成的故事中，你必須能找到那扇無門之門，找到那條無路之路，才能抵達那個無信念之地。

世界上最遠的距離　就是腳下

如果我說徹底的圓滿一直都在你的生命中，從來都沒有不在或消失，你一定不相信。我們尋找了一輩子又一輩子，總是找不到那個徹底的圓滿，原因就是我們總是向外尋找，總是在現象裡尋找徹底的圓滿。找不到的原因其實非常簡單，所有的信念就是用來將徹底的圓滿切割成可辨識的碎片。舉個例子，假如一張完整拼好的拼圖就是那個徹底的圓滿，而每一片拼圖就是為了將圓滿切割成許多的碎片，每一片碎片就像記憶庫裡的每一個信念，我們生生世世累積了多少的信念，我們就將拼圖切割成多少的碎片。人生中追逐某些區塊，像是我們廣大人生拼圖的某一角，好不容易奮鬥、累積、尋找到能將一個區塊完整了，我們立刻就會感覺到缺憾，因為我們廣大的拼圖並不圓滿，所以人生中不論追尋什麼，永遠都無法徹底的圓滿。我們總是在走冤枉路，問題是要走多久、走多遠，才能知道那是冤枉路？這才是重點。所幸我們正在閱讀這本書，為了讓你能更明晰地看清楚什麼是徹底的圓滿，所以先讓你們看清楚什麼不是徹底的圓滿。

　　在所有的信念比對現象時，我們都會獲得感覺、感受、情緒、情感等覺受，我們一直以為這些感受是因為外界的現

象所引發、所給予的,而事實上卻是因為信念解釋了現象而來的,一切都與信念有關,也可以說是信念產生了感受。但是所有信念都有生滅,所以每當信念升起,我們就產生了感受;信念滅了,感受也隨之熄滅,這就是我們無法獲得徹底圓滿的主要原因。感受並不長久,再美的感受都會消逝,正如美麗的花朵都將凋謝一樣。世界上所有的現象都有期限,這個期限並非現象的保存期限(例如鋼鐵,可以存放百年而不壞),這裡所說的期限,是我們感官接觸現象的期限。例如你有一輛愛車,開車的時候你會有很愉悅的心情,但是到了目的地,你就會離開愛車,這時候我們的感官就無法接觸到「愛車」這個現象,這就是我說的期限,所以愉悅也並非恆久的,而是一段一段的。更不可思議的是,這種愉悅也會因現象改變而有所改變,例如當你的愛車被刮傷,甚至被撞到而受損,此時你不會因為愛車存在而愉悅,你的焦點便在刮痕或是損傷處,你的心淌著血,心疼死了!所以愛車並無法代表著持續的愉悅,相反地,其中潛藏著許多負面的情緒。

我們明白了,現象與信念並不能帶給我們恆久且徹底的圓滿,而且在情緒當中,開心總是很短暫的情緒,笑一笑就

過了，往往痛苦更是持久而深刻，這創造情緒的大神似乎有些不公平。

愛就是沒有解釋的徹底圓滿

人生裡有許多的愛，有親情的愛，有愛情的愛，也有對大自然、對寵物的愛。人生有很大一部份比重是關於愛的，但我們總是沒能把愛說得清楚，我們總是迷迷糊糊地在尋找愛、體會愛，總是因為不了解愛而被一些假象弄得千瘡百孔、痛不欲生，這都是因為我們誤解了愛。人類世界裡，對於愛，尤其是愛情，大部份的認知都是誤謬的，戀愛與失戀只是一種抽象的觀念，不僅如此，人與人的關係界定，也往往出自於違反人類天性的信念。

愛，其實是源自於我們真正的生命本質，也就是那個徹底的圓滿，我們往往藉由某一個對象，瞥見了這種徹底的圓滿，我們就將它稱之為「愛」。例如我們與愛人在一起時，完全忘記自己的存在，甚至相擁時，連對方的存在也會消失，只沉醉在一種無比幸福、沒有時空、沒有解釋、沒有任何現象的氛圍，那就是生命本質的徹底圓滿。我們藉由一個對象，

將一切事物、現象的解釋放掉，而暫見永恆的圓滿，這就是愛。這種情況也出現在我們看著可愛的動物、可愛的嬰孩，甚至是一片美好的風景時出現。愛！其實極其單純，毫無奧秘，也完全離於一切的定義，但是我們人類卻對於愛給予太多的定義，讓愛變成了佔有慾的替身。

愛的重點是那些圓滿的當下，那些永恆的片刻，我們暫見了生命的本質。兩個靈魂交錯時，體會到不需要解釋、不需要定義的生命本質、生命的圓滿，對方就如同一面靈魂的鏡子，我們藉由對方，看到自己的靈魂原本就是圓滿無暇的生命本質。這一切都離於任何的解釋與定義，而人類卻習慣去定義一切事物，一旦將愛貼上了標籤，就扭曲了愛的原貌。人類總想理解愛，卻因理解而錯過了愛，這是多麼可惜的事情啊！

登出開悟 回家之路

50

　　至於人為什麼嚮往愛？那是因為人類的靈魂深處，天生
對於來自生命本源的徹底圓滿有著深深的渴望，靈魂天生的
印記，一種對於真正家的思念，想藉由另一個對象來填滿天
生分裂的不圓滿感，所以對愛的渴望是一種天性。但是我們
在追求愛的方式往往有許多誤謬，我們總誤以為愛是對方給
予我們的，其實一個對象有可能引發愛的感受，而那個愛的
感受，實質上是存在於自己身上，而並非對方，對方只是一
個觸發的媒介，當我們充滿愛的時刻，我們就很容易被觸發。
這種充滿愛的時刻來自我們把自我放下來、把世界放下來，
當我們的故事性降到最低，我們就能感受到來自本源的圓滿，
這就是愛。

徹底的圓滿在哪裡？如何獲得？

　　本書不只是教你短暫的心想事成，也教你重新塑造人生，更教你找到最終徹底的圓滿。那麼徹底的圓滿到底在哪裡呢？徹底的圓滿既然無法從生命三要素的現象與解釋中找到，那麼便是在覺察裡了。當我們將生命的立足點退回到覺察中，我們將會發現生命從來沒有不圓滿過，只不過我們自己離開了這個徹底的圓滿，卻向外從現象上去尋找徹底的圓滿罷了。我們從根本上迷失了，這一迷失，就累世的迷失，無量無邊的轉世，我們都迷失在尋找圓滿中渡過，這是人類史上最大的冤枉，偏偏每個人都如此，怎不令人感嘆啊！一切問題都出在我們搞錯了真實的自我，真正的我並非我們以為的自己，而是我們最深層的覺察。試想，我們小時候能夠看到蘋果的這個作用，與長大後甚至年老時這個看到蘋果的作用是否從未變過？世界不停的改變，我們能覺察萬物的這個覺察從來都一樣；全宇宙中，唯一不變的就是這個覺察，永恆不變且永恆存在。當然我們認為人生有死亡，到時候這個覺察也消失了，但是我跟你保證，即使我們死亡時，我們也覺察著死亡過程的發生，這個覺察永遠不滅。

或許你們會認為，當我們睡眠時，如果是無夢的深睡，我們的覺察就不在了，但事實並非如此。各位一定看過電影，當電影要拍攝從地球乘坐太空梭到月球，只要拍攝太空梭離開地球，下一幕就可以場景一轉，便轉到了月球軌道，這種過場的手法，同樣發生在我們的生命中。當我們晚上 11：00 就寢時，如果 11：15 分睡著，2：00 開始做夢，那麼從 11：15 到 2：00 之間的時間，並非我們的覺察不存在，而是生命做了一次過場，也就是當下這一幕是 11：15，而下一幕顯化出來就是 2：00，中間的所謂時間其實並不存在，只是一個信念而已。同理，當我們在睡夢中夢到 4：00，然後進入所謂無夢期，一直睡到早上 7：00 起床，那麼 4：00 與 7：00 其實只是場景過場，事實上覺察銜接著兩個時間點而未曾中斷。這用在昏倒也是一樣的，我們如果昏倒，三天後醒來，其實我們的生命場景是連續的，昏倒的下一個場景直接連到三天後的日期，事實上覺察並無中斷，得以證明覺察是不生不滅的、永恆存在的。這要稍微思考一下，才能明白我所說的。

時空的真相

上面的說法已經比較接近真相了，但是對於時間與空間的解釋，仍稍微帶有故事性，接下來我將進一步，徹底說明更為真實的實相。剛剛我們看到了覺察的永恆性，事實上，覺察就永恆地在當下覺察著，不論我們覺察到什麼現象，其實都在當下覺察到，然後在當下解釋，覺察的立足點並沒有任何時間／空間存在，而時間與空間只不過是一種信念，是一種現象的轉換，經由信念而解釋出來的。我們或許會說，我有回憶，所以有所謂的過去、未來，但是即使你在回憶著某個所謂過去的情境，也永遠在當下去回憶，一切只能發生在永恆的當下。在當下提取記憶庫中的事件，把它稱為過去的回憶，這也只是解釋出來的信念而已，一切還是在永恆的當下解釋了現象，如此而已。因此，所謂的顯化，是我們在每一個當下使用我們的信念，顯化了當下的情境，所以我們才會覺得每一個當下都理所當然地存在著。例如我此刻使用電腦寫著你們在閱讀的這本書，那麼在下一個當下，我因為記得剛才正在打字，所以顯化出此刻當下正在打字是理所當然的。

談輪迴與最小的信念顯化單位

一切只在永恆的當下顯化與體驗。我們每一刻相信什麼，就會顯化出什麼，而這個相信是根據延續了前一個當下發生的情境而產生，所以產生了虛幻的時間感；當我們產生了時間感後，就產生了「輪迴」現象的發生。輪迴不是只有一輩子一輩子一直不斷地重複、生生世世的循環著，這是一個比較大的輪迴，最小的輪迴就是我剛剛說的，在每一個當下使用信念，相信顯化了情境，在下一個當下，認為且相信是這一個當下的延續而顯化出下一刻，這就是最小單位的輪迴，這種輪迴在我們無法察覺的極短時間內發生。

印度《摩訶僧祇律》記載：「一個念名為一剎那，二十念名一瞬頃，二十瞬名一彈指，二十彈指名一羅豫，二十羅豫名一須臾。日極長時有十八須臾，夜極短時有十二須臾；夜極長時有十八須臾，日極短時有十二須臾」。一日一夜有30個須臾，1.2萬個彈指，24萬個「瞬間」，480萬個「剎那」。推知「一剎那」是 0.018 秒。

單位名稱	公制換算	上級倍數	剎那倍數
念	0.018 秒	／	1
瞬頃	0.36 秒	20 念	20
彈指	7.2 秒	20 瞬頃	400
羅豫	2.4 分鐘（2分鐘24秒）	20 彈指	8000
須臾	48 分鐘	20 羅豫	160000
晝夜	24 小時	30 須臾	4800000

　　從以上表格我們可以得知，一個念的生起速度是 0.018 秒，這裡說的念就是信念，也就是每 0.018 秒產生一個最小單位的輪迴，後念接前念，形成我們的人生故事。這些細微的信念，在每一個極短時刻顯化了我們眼前看似不間斷的影像；每一個影像之間，又根據信念發展的路徑而產生了微小的差別，產生了類似影片的作用；一個影格一個影格的前進播放，形成了我們生活劇情的開展。如果我們能捕捉這每一刻顯化的變化，我們就會發現人生其實是一格一格的影格所創造的，如果要百分之百控制人生，也就是我想看到什麼都可以、顯化什麼都可以，那麼就要精準看到這 0.018 秒所產生的信念。

說了這麼多，大家一定在想：要如何才能夠看到這麼快速的信念？答案是：你的覺察得比它更快才行。事實上，我們的覺察完全沒有間斷，所以我們才能欣賞影格組成的人生劇場，只要我們登出開悟，完全將立足點移回覺察的角度，一段時間後，我們的覺察深度會漸漸增長，就能準確地覺察到這最小的信念，我們會親眼看到每一個最小的信念是如何顯化成眼前的影格，而串聯出一個虛擬的人生電影。

　　談到這裡，我們也不必灰心，覺得在登出前是無法掌握信念了。我們將繼續談論輪迴，各位就會明白，我們還是能在某種程度下，可以幾乎完全掌控顯化的。

　　我們從最小的輪迴開始。這種信念顯化我們每分每秒的生活情境，但是這種細微的信念，所攜帶的情感與情緒是比較小的，有點像是這本書一樣，有內容有章節大綱，每個章節大綱就是比較粗的信念，這種信念就像是大綱，帶有較為強烈的情緒與情感，而我們真正要消融或改變的，就是這種標題大綱式的信念。舉個例來說，我們因為被朋友嘲笑而生氣了，當他嘲笑我們的一瞬間，我們解釋了朋友說的那句話帶有嘲笑的意思，這就是標題大綱。這樣的標題大綱如果

被我們覺察到，立刻用**不解釋**消化了它，或是改變我們對它的解釋，那麼就不會顯化出後面吵架的劇情；至於你是不是能在 0.018 秒內覺察到每個吵架細節的顯化，也就不是那麼重要了。所以這種標題大綱式的信念，我們稱為「較粗的輪迴」，如果我們根據這個較粗的輪迴去大吵了一架，那麼下次就會發生類似的情境重現。為什麼說類似，因為雖然標題大綱一樣，內容卻或相近而不會完全相同，細節會在當時根據現場的情境來延伸我們每個 0.018 秒的顯化。

標題大綱的信念，通常會在當我們碰到比較在意的情境時發生，所以在登出開悟以前，我們只要碰到這類情境發生時，立刻採取對策：如果是想要的情境，就享受它，加強情感與情緒；如果是不要的情境，就立刻用不解釋消化它，或是改變我們對它的解釋。如果我們不改變它或消融它，它就會在我們的生命中不斷地輪迴，我們人生的故事就是由這些大大小小的輪迴所組成，最後形成了無止境的迴圈。這輩子沒有解決的問題，必然會保留到下一輩子出現，因為我們並沒有消化它。有人以為死亡就可以一了百了，然而轉世後還是得面對，唯一解決之道，就是我們面對任何情境時，直接化解才是終極之道。

所知越多，障礙越大

老子說：「為學日益，為道日損，損之又損，以至於無為，無為而無不為。」這段話的意思是，如果學習、做學問，每天都要吸收，一點一滴地累積，學問就會越來越好；但如果修道，每天都要損。損就是丟掉、放下的意思，你要將儲存在記憶庫的信念一個一個瓦解、消融，損之又損，一直不斷地消融，消融到什麼都沒有，再遇到現象時，就什麼信念也升不起來，無為而無不為。當面對現象卻沒有一個固定升起的信念時，你用什麼信念來看待都可以。如果能做到這個程度，你的顯化就完全是活的，要顯化什麼都可以，達到無為而無不為之境。

但是在現代社會中，我們太習慣使用網路了，藉由手機和電腦上網，我們隨時都可以獲得極為龐大的訊息，而每天我們都會將訊息存入記憶庫中，日復一日的堆疊，越堆越厚，消化掉的永遠趕不上堆疊的量。倘若真的無法不看手機，我們就必須使用**如幻視角**來看待所見到的一切，包括手機裡看到的訊息。如果你想成為超級玩家，想要隨心

所欲地顯化美好的事物，那麼選擇訊息來看就相當重要，選擇讓你感覺美好、豐盛的資訊，迴避那些讓你抗拒、憤怒、恐懼的負面資訊。

生而為人，最大的問題就是我們有記性，我們一旦把一個信念放到記憶裡，就會永遠記得它，即使已經在腦海裡忘了它的內容，但當我們用感官接觸環境時，就會很自然地拿出來比對情境，一直到我們用另一個信念取代了原來的信念，或者消融了這個信念為止。

事實上，除非我們已經登出開悟，不然是很難消融信念的，因為每一次遭遇情境，一定會去解釋情境，也必然會產生感受，這樣回存到我們的記憶庫裡，又顯化了下次類似的情境發生。每一次循環都是一次堆疊，信念越堆越厚，越來越深信不疑，越來越難消融。所以「為道日損」也並非一件容易的事，我們自己要有覺悟，明白我們的人生只是在不停地堆疊信念，讓我們泥沼深陷，無法自拔，永世沉淪在人生虛幻的故事裡而求出無期。對於這點我們要有深深的覺悟，否則只能永遠活在夢中。

∞

什麼是小我 我是誰

「小我」指的是所有我們認知為「我」的信念總和。這些信念會整天與外界的現象比對，然後證明所謂的「我」是存在的。每當我們與他人交談時，對方會不斷地稱呼「你」，並且討論有關於你的行動、你的生活、你的工作、你的想法，甚至你的外貌，我們利用對方來證明自己的存在，這個急需證明自己存在的，就是「小我」。小我就像一個空心的人形花瓶，花瓶中間其實是空的，在我們的內在完全找不到一個真正可以稱為「我」的部份。這整個人形花瓶靠著一片一片的拼圖拼湊而成，而且拼圖會一直掉，一旦掉了一塊，我們就會想盡辦法把它補起來。當我們掉了一塊，我們就會注意到裡面事實上是空心的，裡面什麼也沒有，這時候我們立刻產生空虛感、寂寞感、無聊感，這些感覺一旦發生，就必須

找個能填補那個空缺的拼圖補上，我們會立即打電話給朋友，約出去聚聚或是電話上聊天，從電話那端我們只要聽到「你」，我們的空虛感立即就消失了，因為這張「你」的拼圖，立刻把空洞補了起來。我們就在這種不斷產生空虛、寂寞，不斷設法填補空洞中生活著，當我們的空洞被補起來了，暫時沒有空洞時，我們暫時感覺到「自我」存在著，但我們並不會因此而滿足，「我存在」這個基礎達成了，就會為了證明「我是誰」而努力著，生活圈、朋友圈、社會因此而展現，我們花大把時間去證明這個所謂的「我」到底是誰。

另一方面，我們也可以從笛卡爾（René Descartes, 1596-1650）的名言「我思故我在」看出，因為有「我的思維」，所以就有「我的存在」，而這個「我」是指小我而言。小我的形成，需要依賴信念與思維，我們腦中紛飛的思想就是小我的傑作，而大部分的思維都源於對這個小我的損或是益作為出發點，總是圍繞在某件事情、某種情況，又或是某個物件對它有何種意義上打轉，腦中如果少了與小我有關的思維，相信絕大部份的思想會因此而消失。

而人生的苦，大部分也出自於這個小我，有我，就有我的苦。我們成長過程中有許多的苦，例如必須聽從父母的話，

當我們內心的想法與父母、老師不同時，因為他們是師長，我們必須聽從，所以內心產生痛苦。隨著年紀增長，出了社會就有更多的規範需要遵從，有更多的責任與壓力，例如經濟上的壓力、人際關係的壓力等。另外，我們生病也會痛苦，與喜愛的人分離也是苦，想要而得不到也苦。事與願違，或因他人的話語或行為而傷害到我們的小我時，我們因此怨恨生氣，這些也都是苦。而當我們死亡時，感覺小我正在消失，我們也會感覺到極大的痛苦。這一切都因為我們誤認為有一個實質存在的我而產生的痛苦。

「我是誰？」這個問題很有趣，也很深奧。如果你問一個人：「你是誰？」他可能告訴你他的名字，例如我可能回答你，我是莫子，但莫子只是兩個字，它只是個代號，並不是真正的我。那麼我是誰？每個人生活著，其實都不知道自己是誰，所以就會藉由各種方式證明我是誰？我是什麼人？在學校念書時，可以用很多方式來證明我是誰，例如我是班長、我是學藝股長、我是糾察隊、我是升學班的、我是第一名，甚至我是跟誰一掛的，我是國樂社的、我是網球社的。

出了社會為了證明我是誰，最基本的就是我們的名片。名片記載了我是誰的基本資料，上面打上了公司名稱，證明我是哪一家公司的員工；上面印有名字，代表我是誰；然後有部門，例如會計部、企劃部、管理部；還有用來證明我是誰的頭銜，例如專員、主任、副理、經理、協理、副總經理、總經理、董事長、總裁等，人家就會稱呼你的頭銜，你就會覺得「我是經理」。為了證明自己是誰，我們用盡各種方法，甚至參選民意代表、市長、總統。為什麼我們會找各種方法來定位自己？唯一的原因，就是大家搞不清楚自己是誰，自己是什麼，就會希望別人認為我是比較優越的那個人。追根究底，就是因為我們一直以為自己是遊戲中的人物角色，人物角色就會有身份、屬性，以便證明人物與人物之間的不同。

　　除了向外去證明我是誰，我們一般也會加上把身體、思想、感受的組合認為是我——外在的資訊加上內在的資訊，形成了我。我們總是將那些屬於我們的擁有物，當成了是我。我們要知道，「我的」是我所擁有之物，並非我。例如我的房子、我的車子、我的衣服、我的手錶、我的公司、我的財富，毫無疑問的，它們只是我擁有之物，但是我們總是習慣用這

些擁有之物來證明我是誰，這是一種荒謬的想法，車子、房子隨時可以更換，能更換的又怎麼會是我們本身呢？更深層地說，以下這些應該就是我了吧，例如我的個性、我的習慣、我的想法、我的智慧，甚至我的人格，它們影響著我在這個世界所呈現出來的狀態與面向。但是我們有沒有想過，列舉的這些也全部都是「我的」，所以它們也只是我們所擁有的，並非我本身，而且這每一項都是可以變動的，隨著時間不同也有不同的變化。例如我是開朗的，但當我憂鬱的時候，開朗不在了，那麼我就不是開朗的，開朗只是我一時的狀態，並非持續性的我。這樣追根究底下去，我們會發現，根本找不到任何所謂的我，我是不存在的，所以有些宗教總是說「無我」，因為看著所有的現象，根本沒有一個我的存在，但是我明明存在啊，不然誰在閱讀這本書？誰在探討著人生？難道沒有我嗎？當然有我，只是我並非任何的現象，也並非任何能夠覺察的對象。

　　要找到真正的我是誰，也就是登出遊戲後的玩家視角，我們就要清楚知道哪一些不是我，要將原本我們以為的我、事實上不是我的那些信念找出來，並且肯定它們並不是我。這裡有一個訣竅，每當你無法判斷那是不是真正的我時，就

可以使用這個訣竅，那就是：能被我覺察到的，那就不是我，頂多也只能成為我所擁有的東西，但絕對不是我。

　　既然能覺察到的都不是我，所以一切都源自於覺察，而覺察卻是無法被覺察的對象。所以真正的我，就是那個總是在那裡的「覺察的作用」。我們每個時刻都在更換被覺察的對象，而覺察卻一直保持著，並未改變也不曾動搖，我們真正的身份，就是那個如如不動的覺察。生命三個組成的要素：覺察、現象、解釋，很明顯覺察就是真正的我，也就是生命的本質。我們試想，如果當我在這個當下失去了覺察，並知道世界的存在，那麼世界還存在嗎？對於唯物論的看法，世界當然存在，但對於夢境來說，當你的覺察不在，整個夢境也不存在。事實上你所存在的世界，你的整個生命，都是不存在的，而且沒有任何意義。

　　每個人的世界，因覺察而存在；真正的我，就是覺察本身

真正的我

看完了前一篇，也明白了覺察才是真正的我，但是到了這裡，我要更進一步的深入，深入到一個更透徹的層面來看待「我是誰」這件事。當我們退回覺察的位置來看世界時，我們看到了現象與解釋。現象與解釋就像線上遊戲裡的畫面，我看著遊戲的畫面，裡面的人物與主角並非我，我是玩家，我是正在看著遊戲中人物角色並操控他的那位玩家。這個是玩家的視角，這個是觀察者的視角，這是遊戲人間最好的視角，但還不是最終的視角，也不是最後的真相，這是第二層真相。登出開悟時，會超越這一層真相，而進入最終的真相，然後一段時間後就會回到這一層真相來生活。

如果直接從沒有解釋的位置來看待我是誰，當我們立足的深度到了完全沒有解釋時，覺察與被覺察的界限消失了，現象與覺察成為一味，毫無分別，這是真正回到一元的存在狀態。世界上沒有自己以外的任何東西了，看見一切都是自己，都是眼前所見的自己，連自己也沒有，只是存在，存在於哪裡呢？哪裡都是，沒有解釋便沒有了自他。自他、彼此是解釋出來的，當解釋不存在，所見無不是存在而已，所聽

無不是存在而已，完全契入一體性。到了這裡可稱之為彼岸，這正是禪宗所說的佛魔不到處。

　　所以事實上不僅沒有所謂的自己，也沒有所謂的別人，當然連場景也都並不是真的存在，而是解釋出來的。一切的一切，都是我們解釋後才存在的。

不曾解釋　就什麼也沒有

世界上到底有沒有其他人

常有人問我，當不解釋而登出開悟，登出時什麼解釋都沒有，那麼其他人呢？其他人在哪裡？還是根本沒有其他人？這是一個線上遊戲，還是一個單機版的遊戲？其他所有的人是不是都是 NPC 而非真人？

這是一個相當有趣的問題。如果我們以人生故事的角度來看，這件事情的版本就會變成：有一個人叫做莫子，自從閱讀了佛經、接觸了禪宗之後，瞭解了有開悟這回事，經過長年累月的精進修行，終於在機緣巧合下，莫子獲得了開悟體驗，並且更精進地修持，獲得了數次的開悟經驗，成為一個不是以個體性存在的人！

但是我剛剛說了，這是從人生故事的角度來看這件事，如果不是從人生故事，而是從實相的角度來看這件事，又會變成怎樣呢？我們先聽聽唐朝禪宗永嘉大師在《永嘉大師證道歌》裡怎麼說的：「夢裡明明有六趣，覺後空空無大千。」這二句是在說明「迷則有三界，悟則十方空」的道理。六趣就是天、人、阿修羅、餓鬼、畜生及地獄的六道一切眾生。

我們在生死輪迴的大夢中，隨著顯化作用，夢到自己流轉於六道之中。大千者，謂三千大千世界，一日月叫做一世界，千個世界合為一小千世界，一千個小千世界合為一中千世界，然後千個中千世界叫做為一大千世界，三千大千世界用來形容數之不盡的世界。

　　所以這兩句的意思是，我們在做著輪迴大夢時，就有六道輪迴，生生世世地流轉於六道輪迴之中；但是我們一覺醒，連無盡的世界中，任何的東西都沒有，一切都完全不存在。我們從這裡聽得出來，永嘉大師是證道時站在實相上來說的，既然十方三界，所有世界的任何東西皆為空，就完全沒有別人的存在，連一粒沙都沒有，更別說人了。各位想想看，我們晚上做夢的時候，夢到了我們是一個國家的國王，富甲天下，擁有黃金砌成的皇宮、私人飛機，統領數千萬臣民，養了獅子老虎當寵物，過著無比幸福的黃金歲月，甚至活了幾十年，忽然間山搖地動，倏然醒來後驚覺原是黃粱一夢。各位想想，這時候夢中景物有帶走一絲一毫到現實世界之中嗎？我們會不會想，剛剛夢裡所夢到的人或獅子老虎，是不是也像我一樣醒了過來？

看到這裡，我知道即使各位懂得我在說什麼，思維還是一時轉不過來，還是會問：「那我的家人呢？我的同事呢？難道都是假的嗎？」這時候我只能退一步，換個方式跟你說，的確有可能還有其他人存在，但每個人只是在做著個體性的大夢，夢境都是個人化的，夢境中所遭遇的一切都只是自己所顯化，然後投映在自己意識的屏幕上而已。看到這裡，相信各位已經完全明白了，這本書並非給多人閱讀的，當下只有你自己一人正在閱讀這本書，一切都只關乎於你的夢境，你夢到你正在閱讀這本書，你的夢境以外毫無他物，每個人都只是在做著自己獨一無二的夢，你的夢境只關乎於你自己。

命中注定的旅程

如果我們乘坐火車，那麼不論中間有多少停靠站，總會有一個終點站；如果我們作夢，總有夢醒的時刻；如果我們登入線上遊戲，總有登出遊戲的時刻。在人生旅途中，我們玩著人生扮家家酒遊戲，扮演著兒子、女兒、學生、社員、職員、主管、老闆、情侶、老婆、老公、母親、父親、祖母、祖父、好人、壞人、老人、死人，短暫地休息一下，又開始

玩另一個扮家家酒，沒完沒了。怎麼會如此呢？即使作夢也有醒來的時刻，而我們卻在這個無法離開的 online 遊戲中，不斷地重複玩著，生了又死，死了又生，生生死死，死死生生，永無盡頭。

　　所幸在這個遊戲中，有極少數的機率，不經意地，我們能夠發現有登出鍵的存在，能夠有某個雞婆的玩家，告訴你遊戲中藏有登出鍵，而且不像刀劍神域動漫一樣，必須要破完第一百層的魔王才能夠登出，隨時隨地都有登出的機會，而且登出鍵與你從未分離，你隨時都能找到它，只不過因為不熟悉登出鍵的位置，所以要稍微練習一下，等熟悉了之後，我們就能對登出駕輕就熟。之中並沒有任何玄妙之處，一切都極為平常且平凡。

　　既然有登出鍵的存在，我們身處於這個無盡循環的宇宙 online 遊戲當中，就一定會學習到如何登出，而登出也是我們命中注定、必然發生的最終旅程；那麼我們現在正在看著一本叫做《登出鍵》的書，也是必然發生的一個過程。我們應該把登出的方法，練習得滾瓜爛熟，至於獲得登出後，是否要繼續玩這個遊戲，還是選擇關機回家，就看各人的選擇。

如何登出開悟

02
PART

遞回覺察本身

知道了生命的本質就是覺察，知道了覺察就是真我，也就是玩家角度而非遊戲中人物角色之後，到底要如何登出呢？要想登出，就要將立足點退回覺察本身。我們最內在的是覺察，其次為解釋，最外層的是現象，平常人們習慣立足於解釋去看現象，所以我們總是往現象的方向看，也就是往外看，所以我們只看到現象，即便對現象做了解釋，我們也毫不自覺，因為我們立足的位置就在解釋上，有點像踩在自己的腳下所以看不到，更不用說覺察了。我們覺察著，卻忽略了覺察。

　　現象是已經用解釋顯化完成的結果，而解釋是顯化為現象的因。人類永遠無法掌控命運，因為關注著結果是沒用的，該掌控的是那個形成結果的解釋，而非結果。人類的習慣是顛倒的，在佛學上有一句話是「菩薩畏因、眾生畏果」，意思很明顯，菩薩怕解釋如果錯了，顯化出不良現象，而眾生只知道抗拒不想要的現象。

　　我們連解釋都看不到了，要如何將立足點退回覺察呢？我們試想，解釋跟現象就是我們的人生、我們的生活、我們的故事，那麼要退回覺察，就要離開現象與解釋。在這裡我們還要弄清楚一件事情，那就是現象是因解釋而存在，沒有

解釋的現象，將毫無意義。舉個例子，眼前的桌上有一顆蘋果，當我們往前一看，立刻自動提取記憶（解釋）來比對眼前的現象，嗯！桌上有一顆蘋果，桌子是我們提取的解釋，蘋果也是我們提取的解釋。當然我只是舉最簡單的例子，我們所提取的，將會比這兩個解釋多很多，例如蘋果看起來脆不脆？是加州蘋果還是富士蘋果？我判斷它好不好吃，會不會放很久等等不計其數的解釋。如果，我們沒有提取解釋，那將會如何？我們將完全無視蘋果的存在！如果我們連碟子、桌子的解釋都沒有提取，我們眼前將完全沒有任何物品存在，應該說是我們不知道有任何物品的存在——由此證明，現象是因解釋而存在的。

覺察 只有眼前的畫面，沒有任何解釋

解釋 桌子、蘋果……
蘋果看起來脆不脆？
是加州蘋果還是富士蘋果？

現象 眼前的畫面

反過來說，我們其實根本沒看到任何的現象，而是看到我們記憶庫中的解釋，某種眼前的訊號讓我們看見了記憶庫中的某些解釋，事實上是不是真的有現象在那裡，根本就無所謂。就像電視中看見老虎，只要接收老虎的訊號，並經過解碼器解碼為老虎，這樣看電視的人就能看見老虎了。事實上電視中根本沒有真的老虎。

　　回到之前所說，「現象是因解釋而存在的」就是這個意思，所以剛剛我們說要將立足點退回到覺察，要離開現象與解釋，實質上，只要離開解釋即可。《金剛經》上說：「凡所有相，皆是虛妄，見諸相非相，即見如來。」意思就是：「凡所有可以辨識（解釋）的，都是虛假的；如果能見到現象而沒有辨識，就能見到實相。」這樣說來，當我們能離開解釋，我們就能將立足點退回覺察，就能見到生命的本質。安住在生命的本質，也就是安住在覺察，當夠深入、時間夠長，你將會體驗到被整個覺察吞沒，這就是所謂的**登出開悟**。

　　其實簡單的說，就是去覺察著覺察的本身即可，但是覺察是一個不可覺察的對象，我們可以對世界上任何的現象加以覺察，但是我們覺察不到覺察本身。登出的關鍵是，只要

深入覺察，我們就能從現象界退回到覺察而登出；換另一種說法，就是我們不論覺察到什麼，都會形成人生故事，唯有覺察那個完全沒有內容的覺察本身，才能覺察著而沒有覺察到任何現象，唯有這樣才是登出的唯一方法，因為登出的方法，就是完全離開故事。

在現象裡，在人生故事裡，每一現象都是可以覺察的，而唯一無法覺察的就是覺察本身，所以佛法說「空」、道法說「無」，並非一種失去意識的斷滅，而是無可覺察、無有解釋。無可覺察並非沒有覺察，而是覺察著卻沒有覺察到任何的對象。在這裡我們只要輕鬆地看過去，大致上理解就好，在後面的章節，我們會有實際的操作方法來體驗這個「沒有內容的覺察」。

從理論到實際體驗

前面的幾個章節，都是為了讓大家對於真實的人生狀態，有一個概略性的理解，如果我們要使用導航軟體，首先要定位出我們的位置，前面的介紹，就是讓我們理解，我們活到現在為止的人生，到底是怎麼運作的？我們的生活到底被怎

麼了？世界又把我們帶去了哪裡？先明白了我們被教育、社會、世界，以及自己建立的信念，綑綁在一個系統框架裡，知道被什麼綁住，我們才能知道如何解開。

我們雖然在這一世，甚至累世都在這樣的系統裡越陷越深，不計其數的死結將我們束縛而無法動彈，但只要能抓住一個解脫的點，所有綑綁我們的枷鎖都會自動不斷地脫落。各位不必擔心，只要有決心從這種信念不斷堆疊的無盡輪迴裡解脫出來，我們就一定能解脫出來。

在接下來章節裡所談論的以及相關的引導，就是要啟動一個自然而然的解脫過程。這是一本提醒與引導的書，只要反覆閱讀，自然就會有翻天覆地的改變與轉化。過去我們跟從社會的一切運作，不知不覺地被綑綁，當然也可以反向地解脫出來。不論是漸悟或是頓悟，我們總是有機會從虛幻的枷鎖中解脫出來，回到真實。

著手寫這本書前的一年裡，我開設了七個梯次的「登出開悟轉化班」，每梯次為期一個月。開設這個轉化班，目的就是轉化大家的方向，從以前不斷堆疊信念、綑綁得越來越緊的人生泥沼中解脫出來，往登出開悟的方向移動，只要上

路了就沒問題，解脫是遲早的事情。我並沒有期望大家在這
七期的轉化班裡就能登出開悟，然而在這期間，陸陸續續看
到登出開悟的人，有些人登出後默默地回去了，有些人被大
家知道了，也有人在第七梯次課程的最後一天登出開悟後熱
淚盈眶。

　　重要的並非有人登出開悟，而是大部份的參與者，生活
與生命軌跡都有著重大的改變，越來越輕鬆，越來越活出自
然、恬靜，越來越能安住在**空空盪盪的覺察**裡，不再被信念
拉著東奔西跑，自然顯化出來的生活也越來越順心。

　　這本書的目的，跟登出開悟轉化班是一樣的，期望更多
人能越來越朝向解脫，越來越活出真我。只要有決心，每個
人都可以在一段時間後就登出開悟，快則數月（甚至更短），
慢則幾年，一定可以抵達彼岸。

　　如果沒有要登出開悟的人，也可以藉由本書的引導，重
新塑造自己想要的生活與命運，好好地重設這個遊戲中的人
物角色，不再是命運之神的奴隸，找回生命的主控權，越活
越開闊自由。

∞

登出開悟後的兩個方向

　　現在開始講實際可以執行、可以體會的方法。以下是本書提供的兩個方向：

　　一、**登出開悟，進而回家**。找回真實的實相，回到徹底的圓滿，從人生的故事裡、遊戲裡、夢裡徹底解脫出來，醒覺出來，進而穩穩立足於覺察上生存著。每分每秒看到自己使用什麼信念去解讀現象，只是覺察著這些信念，不跟隨，隨緣度日；不斷消化信念，現象越來越少被顯化出來，生活越來越單純，卻與萬物的一體性越來越擴展；心中越來越圓滿，越來越感受到無限的喜悅，並將喜悅分享給天地萬物，即是分享給自己；生活的情境越來越簡單，越來越少，最後融化在無限的空裡，填滿了整個一體，成為了一。

二、**成為超級玩家**。了解人生的一切境遇，都是信念所顯化的「顯化法則」。重新安排並設定自身從小到大的信念，重新塑造人物角色的各項屬性，並且在人生中每個時刻顯化自己想要的情境。從此遊戲人間，做個清明夢，等玩膩了，再來登出開悟，朝向回家之路。

又或者是先登出開悟，站在覺察來生活。每一個即時升起的信念都能完全掌握，想要的信念我們享受它，不想要的信念我們覺察著、消化它，並且升起另一個信念來取代它。完全掌握每一次的顯化，成為遊戲中的 GM（Game Manager，遊戲管理員），徹底掌控遊戲的發展，成為超級玩家。

然而要成為超級玩家，最好的方式還是先登出開悟，如此才能完全掌握信念；但如果不以此為目標，我們只能退而求其次，運用一些方法來有意識地顯化部份我們想要的情境。

共通且必修的如幻視角

不論你要登出開悟，或是要自由地顯化人生情境，首先我們要培養一個共通的存在狀態，也可以說從原本社會體制的系統中，切換到另一個系統，我們稱為**如幻的視角**。因為世界是由信念所打造的一個系統，而我們每個人生活在這個系統中顯化我們的人生故事，堅信著人生故事裡的點點滴滴。在人生故事結構裡，我們相信什麼就會顯化什麼、成為什麼，所以不論要登出開悟或是重塑人生，都要軟化原來的系統，才有機會跳出系統或是改變系統。如幻視角就是將系統軟化，將堅固的系統變成像水一般，沒有形象卻又可以形成任何形象的系統。在軟化後的系統裡，一切都是如幻的，如幻的情境就是水，就是能量，整個宇宙都是能量；而我們產生的信念就像是一個模子，情境之水進入模子，就顯化成現象，我們的心非常柔軟，一切也如夢似幻的存在著。顯化的速度非常快，想要登出開悟者，輕鬆地看著如幻的現象即可，因為如幻，所以不執取；而想要塑造人生者，輕鬆地建立信念，並在如夢似幻的現實裡，享受著自己的信念，信念以飛快的速度充滿能量、顯化成情境回饋自己。

人生事實上就是一個夢境，比晚上睡眠夢境的資訊量更大的夢境，所以培養如幻視角，首先要將日常人生視為只是一個夢境。有做過清明夢的人，就會知道一旦我們在夢裡意識到正在作夢，就可以開始隨心所欲地操控夢境，又或是隨心所欲地清醒過來。在這裡我們發現，其實開悟解脫就是從夢中清醒，自由顯化人生就是操控夢境。如幻視角並非是催眠自己，告訴自己人生只是個夢境，當成是一個夢境就行，因為這樣是沒有用的，就算你這樣想，你的潛意識也不會相信。所以你要明白的是，我們所謂的世界，一切只是視覺、聽覺、嗅覺、味覺、觸覺、思想等訊號，一切都在我們的意識當中，其實沒有外在客觀的世界存在。我們試想，如果現在是一場夢，那麼夢中的一切都存在於哪裡呢？是不是夢中的山河大地、人物景像，全部無一不是存在於夢境中？夢中的一切，都並非真實存在於外在的世界，而整個夢境就只是存在於我們的意識中而已。當我們在生活中，無時無刻都認知到這一點，我們就等於在做著清明夢，要從夢中清醒過來或是操控夢境，就不是一件難事了，而清明夢的關鍵，就是確認當下的情境都在夢境中，相信它並確認它。

放鬆 ‧ 放下

　　如果我們想要登出開悟，必須離開故事。離開故事不是叫你找個山洞躲在裡面，逃避所有人生故事，而是不再緊抓著故事情節，放鬆我們緊抓著故事的手。有許多人都聽過「放下」，放下的確是接近登出開悟的最簡單方式，但是我們有想過要放下什麼嗎？放下對金錢的抓取、放下對愛情的渴望、放下對某人的仇怨、放下數不清的放下？但其實並非如此，我們並非要放下什麼，放下的意思，是放下你當下手中抓取的東西，不論你抓住什麼，立刻放下；更精確地說，是打開你抓取的雙手，從此不再抓取，這才是真放下。當你真放下，你才能體會真放鬆。為什麼我們從身體到精神總是緊繃？因為我們緊抓著不放，只要打開緊抓著的那雙手，立刻就可以體會到無比的放鬆。放鬆是除了如幻視角外，第二重要的環節，無論何時何地，都要覺察到自己是否放鬆？沒放鬆的話立刻找出自己正在抓取什麼，立刻放下，然後就會感覺立刻放鬆。

　　當我們檢視是否放鬆時，只要注意全身的肌肉是否緊繃，就可以知道是否在信念上放鬆。身心是一致的，當信念放鬆，

我們的身體就會放鬆，所以如果真的找不到信念上緊抓著什麼，就覺察身體哪個地方沒有放鬆，我們輕鬆地將身體放鬆，一次沒放鬆就繼續放鬆身體，直到身體完全放鬆為止，我們會發現精神上也輕鬆了許多。

∞
登出開悟實際體驗

不解釋

本書最重要的一個環節，就是現在要跟大家說的「不解釋」，只要完全融會貫通「不解釋」的精義，我們就可以將立足點退回到覺察上，而不會黏在解釋上去看現象，很快地就會登出開悟，被無邊無際的覺察所淹沒。

「不解釋」也是整個佛法當中最重要的部份。佛陀講般若部的經典二十二年，最重要的精義就是這三個字，我把最精華之處，濃縮在以下幾頁當中，各位切莫等閒對待，要好好地品味，好好領悟其中的奧妙。只要懂得「不解釋」的奧妙，你就能隨時立足於覺察上，穩坐於生命的本質上，輕鬆地無修無證、無智無得，回到生命最真實的徹底圓滿中。

我們在前面的章節曾經提到，人生的存在只有三個組成要素，那就是「覺察」、「解釋」、「現象」，而現象是因解釋而存在的，如果沒有解釋，現象根本不會存在。這跟電視機解碼作用一樣，如果不對所接收到的訊號進行解碼，就不會有影像呈現在螢幕上了。所以我們整個世界的開展，都有賴於解釋，沒有解釋就沒有人生的故事，離開了故事，我們就能從人生故事中解脫出來，也就是能從人生大夢中覺醒過來。

　　在這裡所說的不解釋，完全是用於自己，而非用於面對他人的時候。例如你的老婆問你下午去了哪裡？你跟老婆說「不解釋」；又或者老闆要你解釋一下為什麼這個月老是遲到，你跟老闆說「不解釋」。

　　我們使用視覺、聽覺、嗅覺、味覺、觸覺去接觸現象的第一時間，我們就會提取記憶庫裡的信念成為解釋，所謂不解釋的意思就是在這時候，我們輕鬆地將解釋放下，而進入沒有解釋的當下，單純的存在著。不解釋的時機就是我們對世界產生了解釋，就輕鬆地將解釋放下來。

　　不解釋更適合應用在持續不斷的單純現象上，例如持續

不斷的風聲、海潮聲、宇宙基本聲，又或是看著一個沒什麼好解釋的情境，例如山、海、杯子、電腦鍵盤、一串香蕉，不論是哪一種感官接觸現象都可以練習不解釋。當解釋自然而然地脫落時，我們就會進入一種單純的存在──覺察著，卻沒有覺察什麼。我們就是要體會這種覺察而沒有對象的狀態，因為我們只要一覺察到什麼，那個「什麼」就是我們對世界的解釋，一解釋就進入了故事當中；「解釋」與「現象」形成了世界，而沒有解釋，也就沒有現象，剩下覺察獨然存在。如果時間夠久，我們就會被無邊無際的覺察吞沒，因而翻轉了我們整個存在狀態，整個存在狀態會由「人生故事」的模式，變成「純意識存在」的模式，就像是把棉被套由內向外整個翻過來，這件被套可能就會變成另一種樣式。

　　至於「一切只是意識存在」，在這裡我以簡單的方式跟大家說明一下。一切只是意識存在並非一種理論，而是當我們登出開悟時可以實際體驗的一種存在模式，它的意思是，宇宙中所有的情境，與我們日常所碰見的一切境遇，全部都是意識所顯化出來的，而一切都在意識之中，外面並沒有客觀存在的現實。我們以夢境來理解就更能體會，夢中見到的

各種情境，在夢中我們覺得非常真實，但是一切都只是一個夢，而整個夢境存在於哪裡？整個夢境實際上就在我們的意識當中，不論夢境的場景再廣闊，一切都只是在意識裡而已。而我們現在對清醒時的理解，一直認為有一個客觀的物質世界存在，其實這只是一個有連續感，訊息量較多較長的夢境而已，實際登出開悟就可以契入真實的實相，實際覺醒而體悟到原來我們一直認為是真實的客觀物質世界，根本就是幻相，都是意識所幻化的情境而已，一切從來沒有在我們的心識之外。所以說，不論各位的生活美滿與否，都只是在做著美夢與惡夢而已，生命實則空無一物。

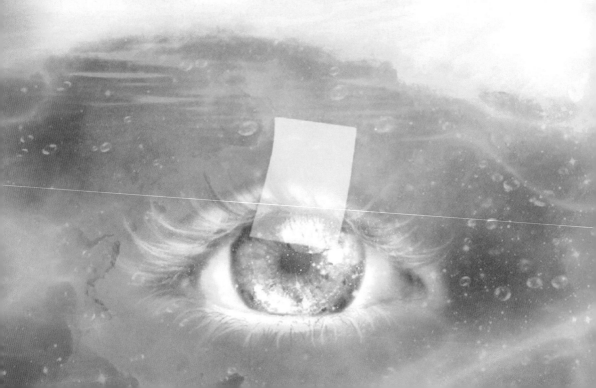

各位看到這裡，難免會不禁感嘆，原來一切都是假的、空的，世界根本不曾真實存在過。其實這是一個好消息，原來生命根本就處在徹底的圓滿之境中，從來都沒有不圓滿，所有的不圓滿只是一場夢而已，這是不是一個天大的好消息？

　　那麼我們到底被什麼所蒙蔽，而未能體會到生命本就俱足的徹底圓滿呢？原來只是每當見到眼前的現象時，我們因為有所解釋，而被鎖在人生故事裡，這就如同眼前被兩片小紙片遮住雙眼，而看不到廣闊的真實世界。解釋就是那兩片小紙片，雖然只是小紙片，只要離眼睛夠近，就可以遮蔽無邊無際的虛空。只要不解釋，自然就會離開現象，而安住在那**空空盪盪的覺察**中。

空空蕩蕩的覺察

不解釋就會安住在空空盪盪的覺察中。當我們的立足點從現象、解釋，進而退回到覺察的時候，我們會發現覺察的本身毫無內容，有內容的是解釋，覺察本身只有無邊無際空空盪盪，所以在佛學上稱為「明空雙運」，「明」就是明明白白、清清楚楚的覺察，而「空」就是沒有任何的內容。

空空盪盪的覺察其實一直都在，只是被現象與解釋給遮蔽了。對於現象，我們之前知道有視覺、聽覺、嗅覺、味覺、觸覺，這是外在的訊號、現象；而我們內在還有一個訊號、現象，那就是我們的思想、思維，它是我們內在的聲音。如同覺察到外在的現象一般，我們也會覺察到我們腦袋中喋喋不休說著話，那就是思惟、想法。這個訊號是最能引起我們注意的一個訊號了，我們常常聽到內在的說話，甚至照著它的話去行動，它像是一個聒噪的室友，總是說個不停。這些說話的聲音，是我們平常最容易誤認為「我」的訊號，因為它總會想要指揮我們的生活，但想想就能明白，它們只是「我的」想法，而且總是變來變去，一下有一下消失，完全不可能代表「我」，說到底就是一堆腦中的聲音，一種現象罷了。

例如腦中響起了聲音：「好像有點餓了，晚餐要吃什麼呢？有點想吃雞腿飯，不過想想雞腿飯太油了，昨天才吃爌肉飯，吃太多油膩的食物可不行，上個月抽血檢查三高都超標了，我看還是吃清淡一點好了，但是健康餐的便當好貴，一個要一百五十元，不行，這個月要省一點，同事小王要結婚了，這個月要包紅包，也不知道要包多少錢？小李說要包六千，但其實我跟小王也沒有熟到需要包六千吧！我看包三千六就可以了，三千六，起碼可以吃三十個便當吧！這個月省點花吧！原本想買個藍牙耳機的，我看下個月再買吧！對了，我不是在想吃什麼嗎？怎麼想到這裡來了，好想吃雞腿喔！算了，我看還是吃雞腿飯吧！比健康餐便宜。」

　　以上這段話各位一定不陌生，思想總是不停地在我們內在製造出聲音，這個聲音也是障蔽我們空空盪盪覺察的其中一種現象，而且是經常性的障蔽，是在我們的生命中構成虛幻故事的一個主要環節，所以有許多靈性的理論，認為只要超越了腦袋中的思想，就能夠徹底地解脫，但是他們忽略了「信念、解釋」，才是形成虛幻故事的主要的環節。

有的讀者會分不清楚「信念、解釋」與「思想」的不同。信念就是解釋，但是與思想並非同一個東西，思想是頭腦裡喋喋不休的那個聲音，而解釋指的是當我們使用感官去接觸到現象的第一時間，提取記憶庫中的信念去比對所接觸到的現象，比對出來的就是解釋。例如，眼前有一輛車，為什麼我們知道那是一輛車，就是我們提取內在的記憶庫裡對於車輛的信念所比對出來的，這時候得到了眼前有一輛車的結論，當這個過程結束後，就有可能引發思想，例如「這輛車停在紅線上，我看很快就會被警察開罰單或是拖吊……」等等。

覺察 只有眼前的畫面，沒有任何解釋

思想 這輛車停在紅線上，
我看很快就會被警察開罰單或是拖吊……

信念＝解釋 有一輛車

現象
眼前的畫面

外在訊號：視覺、聽覺、
嗅覺、味覺、觸覺

內在訊號：腦中的聲音

生命三要素是「覺察」、「解釋」、「現象」，這三個要素中，解釋與現象是組成故事的元素，而覺察是用來體驗故事的主體，被體驗的故事是客體，所以生命的本體是存在於覺察這端的，但一般人只關注解釋與現象，並把解釋與某些現象組合成虛幻的「我」，例如身體、個性、想法，例如「我思故我在」。事實上，「思」是所覺察的對象，所以主體是覺察，「思」則是客體，所有能覺察的都並非我，真正的真我，是能覺知萬事萬物的那個至高無上的覺察，佛法稱為佛性、自性、覺性。

世界最初的二元性

　　這個世界是個二元性的世界。我們生活在這個世界，對於二元性一點也不陌生，黑白、上下、前後、大小……，所有的現象都離不開二元性，但是超越現象的二元性我們並不熟悉，二元性的源頭我們並不清楚。生活中充斥著各種現象的二元性，即使我們超越了一個、兩個，依舊無法超越這個人生大夢，無法因此而跳出故事。

　　只要我們知道世界二元性的源頭，並能超越這個源頭，

我們就能完全超越世界故事而回到一元的狀態，立刻登出開悟。這個二元性的源頭就是「能覺察」與「所覺察」，也就是「覺察」與「被覺察」，這兩個是所有二元性的源頭，最初的二元對立。

要如何超越這「能覺察」與「所覺察」呢？我們從這個角度來看，「能覺察」就是「覺察」，而「所覺察」就是「現象」，這樣就非常清楚了，所有能被我們覺察的都是現象。這裡我們發現，是不是少了「解釋」？覺察與現象，原來就是最初的二元性，那麼中間的「解釋」又是什麼？簡單的說，「解釋」就是將原本的一元切割成二元的刀子，覺察與現象因解釋而切割成二元性。我們試想，眼前有一個蘋果，如果沒有「蘋果」這個解釋，我們往前看將會如何？因為沒有解釋，覺察與被覺察並沒有分別，我們覺察到的就是覺察的本身，眼前沒有蘋果的解釋，而覺察與蘋果成為一體，沒有二元性的存在。換句話說，當我們對世界萬物在沒有解釋的當下，我們就與整個宇宙一體，感受到徹底的圓滿。

這些說明，是為了鬆動你對世界的概念，事實上還需要直接證入。聽到理論不一定能立即體會到一體性，但先理解了這個，將有助於你更加契入空空盪盪的覺察本身。

契入空空盪盪覺察
的三個方法

練習進度 ★☆☆☆

熟悉覺察練習 01~03，
能更快契入 04（功課）喔！

要登出開悟，就要常常契入空空盪盪的覺察。它是一種發生，並非一種造作。或許某些步驟有些造作的成分，而造作完就等待它發生，並非造作的結果。以下我就進一步的說明。

首先我們要理解，覺察並非存在於解釋與現象的領域，相反的，離開解釋與現象的領域，就可以安住在覺察。所以我們並非在解釋與現象的領域中，用任何方法造作，我們會不習慣這種方式，因為在人生故事中要達成任何目的，都是透過信念、行動，然後在現象界產生某種改變；而安住在覺察卻是要離開解釋與現象，現象是因解釋而存在，所以只要

離開解釋就可以了，但是我們很難理解這要如何進行。我們從早到晚，甚至在睡夢中，只要感官一接觸現象，就自然而然地提取記憶庫的信念來比對現象，也就是說我們的生活，就是靠信念比對出來的，也就是解釋出來的。在每個當下感官接觸現象，對現象產生解釋，形成情境，情境組成人生故事，人生故事組成生活，生活組成我們的整個人生！我們整個人生是解釋出來的，離開解釋，意味著離開整個人生。

賓果！離開解釋，意味著離開整個人生，那麼我們要從這個人生大夢中覺醒，我們要從人生虛擬實境遊戲登出，我們要開悟解脫，關鍵就在離開解釋。所以之前提到不解釋就是登出開悟的關鍵，而不解釋的狀態並非造作出來的，而是一種發生，所以我們該做的，就是把一切造作與解釋放掉。

方法 ❶
Method 1

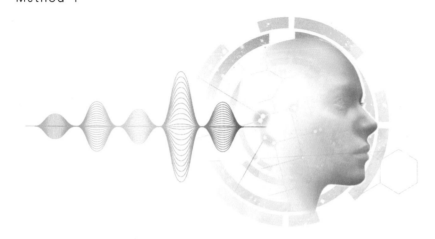

　　首先介紹第一個方法。這個方法是找一個較規律的現象去使用感官覺察，視覺、味覺、嗅覺、聽覺任一種都可以，較容易掌握的是視覺的方法。例如持續盯著一個杯子看，一開始我們會知道那是一個杯子，當持續看著時，開始放鬆對杯子的解釋與執取，只是純粹地看著，由於我們無法對相同的對象長時間維持著解釋，只要看著它沒有中斷，一段時間後，我們對杯子的解釋會脫落，會導致不知道眼前看著什麼。我們要的就是這樣的效果，當我們不知道看著什麼，就是發生，沒有杯子解釋的時刻發生了，這時候可能所有的解釋都

脫落了，也有可能有其他的解釋，例如「我不知道現在怎麼了？我感覺完全空白」，這個感覺完全空白，就是另一個解釋，我們繼續靜待連這個空白解釋都脫落的發生，這時候腦海裡可能會出現「我覺察著，但是沒有任何可以覺察的對象了」，這個仍然是解釋，我們仍然繼續覺察著，靜待這個解釋脫落，當一切解釋都不存在，我們就成功的安住在空空盪盪的覺察了。不只視覺可以進行，聽覺也可以，聽著某個規律的聲音，例如海潮音、宇宙基本的聲音（有許多人在周遭比較安靜的時候，所聽到的一種持續不斷的嘶嘶聲或嗡嗡聲）、YouTube 播放某個頻率的聲音等等，都是適當的聲音。流程與看著物品一樣，聽著並開始放鬆對所聽聲音的解釋與執取，只是純粹的聽著；一段時間後，我們對聲音的解釋會脫落，不知道聽著什麼，當我們不知道聽著什麼，這時候如果還有其他的解釋，我們就輕鬆地放下那個解釋，並繼續靜待，當一切解釋都不存在，我們也就成功的安住在空空盪盪的覺察了。

方法 ❷
Method 2

　　第二個方法，是直接去覺察覺察的本身，也就是去找「誰在覺察著？」「什麼在覺察著？」直接去覺察那個覺察，這時候你會感覺完全沒有內容，這時可能會出現一些解釋，當有解釋出現時，就再次回頭去找覺察的本身，直到沒有解釋的瞬間發生，就安住著。這個方式跟問自己「我是誰」有異曲同工的作用。

方法 ❸
Method 3

　　第三個方法，利用感官接觸到現象的一瞬間，認出現象而沒有解釋時，現象其實就是一面鏡子，它反映出我們正在覺察著。例如我們看著手機，我立刻放下手機這個解釋，並且明白眼前的並非任何現象，我所見到的，正是我的「覺察」本身，所以我不論看到什麼、聽到什麼，它們全部都是我的覺察。覺察完全不必尋找，它在我們感官接觸的每個當下都是，利用肯定所覺察的全是覺察，來強制讓解釋發生消失，當我們肯定眼前的就是覺察的時候，如果解釋脫落了，這時候就是安住在空空盪盪的覺察。

這三種方法沒有哪一個比較好，只有適不適合，大家可以多嘗試，找出自己最得心應手的方式，並且每天多多安住在覺察，只要某一次時間夠長，深度夠深，都有機會被整個生命的本質吞沒。為什麼這裡不是說進入而是說吞沒？原因是當登出開悟時，有如被整片大海吞沒一樣，它是一種發生，你永遠無法控制登出開悟的時機。這裡再次強調，當登出開悟發生時，不會有任何解釋，所謂的自己以及所謂的世界在那一瞬間都將完全消失，剩下來的只是無邊無際的覺察。

　　要每天時常安住在空空盪盪的覺察需要非常大的決心，因為我們並不習慣處在這種沒有內容的狀態，我們一旦處在沒有內容時，立刻感覺無聊、寂寞、空虛，會立即找事情來做、找人來聊天、找影片書籍來看，就是無法處在沒有內容的存在片刻。這是一種逆向的生存方式，如果不是有極大的決心，是很難做到的，並非安住在空空盪盪的覺察很困難，只是要習慣它並不容易，一旦品嘗到安住在空空盪盪覺察的圓滿感，我們就能喜歡上這種狀態了。一開始需要一些原因和動力，例如覺得人生痛苦、想求出離；又或是覺得人生極為虛幻，不論如何都要求個真實、弄個明白。不知道正在閱讀的你是哪一種？

人生是由生活的故事所構成

　　眼、耳、鼻、舌、身所接觸的訊號，經過我們使用信念去解釋，就變成了有意義的現象；而現象與現象的組合，就會組合而成情節；情節與情節組合成為小故事；小故事與小故事組成我們的生活；生活串連成我們的人生。不論你是以哪一種存在方式生存於世界上，是人也好，是動物也好，是外星人也好，又或者說你是不同維度的存有，不管是哪一種，都無法離開這種生存的運作模式，所以在這裡說明的內容，通用於整個宇宙。一切源於我們使用信念去解釋了訊號，信念又會堆疊儲存回記憶庫，沒完沒了的人生故事就此展開，在許許多多的循環中重複上演著。

　　而新時代的看法，著重在生命要不斷的提升，提升我們存在的頻率與維度，如同線上遊戲升等一樣。事實上，這一切仍然是生命的夢境，也可以說只是遊戲中某些層次的提升而已，遊戲中的升級，始終還是在遊戲中，從來都沒有離開過遊戲。假設你提升自己的存在方式，幻化成為一團光，沒有身體，也沒有時間的束縛，喜悅地存在著，假設你認為這是第七維度的存在，那麼我們進一步來分析，你能否覺察到

自己是一團光？你的覺察存在嗎？你對自己是一團光的信念存在嗎？一團光這個現象存在嗎？我們最終還是會發現，覺察一定存在，如果沒有覺察，我們就不存在於世界上了。有覺察，就有被覺察之物；有被覺察之物，就有對被覺察之物的解釋，也就是信念——覺察、信念、現象三者都存在著，這就形成了人生的故事了。所以我們可以理解，不論將自己提升到何等境界，我們都必然在故事內、遊戲內，從來沒有跳出故事，真正要從故事中解脫出來，只有從解釋解放出來。由此可知，我們常常提及的維度提升、幾維度的存在是佛、幾維度的存在是菩薩等說法，都還是在故事內的境界而已，真正的佛與菩薩，是超越維度的存在，也就是單純的存在著，超越了現象與信念。

從生活故事的信念牆上打洞

我們每天活在生活的故事性當中，這些故事性由許多的信念組成，它們形成了厚厚的故事牆，我們的人生就是被厚厚的故事牆遮蔽了真相。而覺察就像一支強而有力的超級電鑽，會在我們的信念牆上鑽出一些洞來，只要有這些洞，就

有機會讓我們看到牆壁背後的實相，就有機會掉進實相而登出開悟。

　　安住在空空盪盪的覺察，以及對現象不解釋，其實指的是同一件事情，當我們對當下眼前的現象沒有解釋的時候，就是安住在空空盪盪的覺察。這個狀態與我們的人性背道而馳，在人生的故事裡，我們講究每一件事都要有意義，我們不做沒意義的事，我們不想沒意義的事，即使是娛樂自己的想法與事情，本身也有娛樂自己的意義。但是安住在空空盪盪的覺察，恰好是人生故事中，完全沒有意義的事情，正好是這個沒有意義，它在我們有意義的人生故事中，在我們用信念堆疊的人生故事牆上，鑿穿出一些空洞來。當這些帶有空洞的當下越來越多，我們就能在某一次沒有解釋的當下，完全被覺察吞沒，而回到登出開悟的生命本源裡，我們才能發現原來萬事萬物都在我們的心裡，都在我們的意識裡，體悟到眼前真的就是一個夢境，一切都是從我們內在的意識，投射在我們內在心識的布幕上。

覺察練習02
PRACTICE

趨向於解脫的三個步驟

練習進度 ★★☆☆

熟悉覺察練習 01~03，
能更快契入 04（功課）喔！

利用之前提過的契入空空盪盪覺察的三個方法，讓我們
輕鬆安住在空空盪盪的覺察上，當你已經習慣空空盪盪的覺
察後，將可以在任何時間輕鬆找到這個空無一物的覺察本身，
這時候就不再需要找到覺察的方法，因為你已經能隨時找到
它。從這時候開始，請你時常進行以下三個步驟：

第一步驟 馬上認出空空盪盪的覺察

第二步驟 完全肯定這個空空盪盪的覺察就是生命的本
質，也就是真正的自己

第三步驟 安住在它上面。安住但是不要抓取它，只要知道就可以了，完全放任這個空空盪盪的覺察在一種毫無抓取的輕鬆自在中，不需努力或緊抓

　　這三個步驟讓它自然而然地執行，完全不需要去「做」，而像是一種「發生」，輕輕鬆鬆地進行，讓自己在一天的人生故事中，多次安住在空空盪盪的覺察，只要一沒事就進行是最好的。其實人生中有著許許多多的空檔，但我們總是試圖填滿所有的空檔，最常做的就是滑手機，當然如果你決心夠強，也可以除了睡覺之外，把所有的時間都用來安住在空空盪盪的覺察，這樣就會在很短的時間內登出開悟。其實登出開悟並不困難，難就難在我們的小我會抵抗這種空無一物的覺察，它會想盡辦法讓你離開這種空空盪盪的覺察。小我時常躁動不安，這時候如果能覺察著它而不理它，一段時間它就會沉靜下來了。只要能做到這點，登出開悟就會非常簡單，你只要常常準備好，隨時都有機會登出開悟。

登出開悟最大的關鍵

　　登出開悟最大的關鍵，就是**決心**，因為安住在空無一物的覺察，是完全違反生活的，但是想要登出開悟，我們需要的就是常常安住在沒有解釋的片刻，如果不是有相當的決心，是無法時常安住在沒有解釋的覺察上。決心，來自於我們明白，如果不利用時間盡快登出開悟，這輩子又這麼度過了。我們不知道到底浪費了多少輩子在這些虛幻的人生故事裡，由於顯化法則並沒有終點，所以人生故事也不會有終點，會一直循環下去。我們因為手機與電腦的關係，每天吸收了太多資訊，這些資訊的疊加會讓我們生活累積更多的故事性，遭遇更多的情境，所以現代人遠比舊時代的人活得更複雜，這種複雜性只會像一個雪球越滾越大。

　　堆疊的故事性越來越多、越來越厚，意味著活在故事性裡的我們更難登出開悟。登出開悟並非是把人生故事全盤捨棄，而是藉由安住在空空盪盪的覺察，在人生故事的信念牆上鑿出一些洞來，每一次安住在沒有解釋的覺察當下，我們就有機會讓生命覺察之光透出來，只要有一些洞，就有機會掉進生命的本質裡而登出開悟。

所以一開始，我們需要一些決心，無論如何都要離開故事的決心。通常我們內心想的，也就是我們小我所希望的，是趨吉避凶，是轉苦為樂，我們只是希望擁有快樂順遂的人生故事。我們的小我並不會導向登出開悟，相反的，它最害怕的就是登出開悟，否則我們不會寂寞空虛。小我無時無刻都要證明自己的存在，它是靠存在感來維生的，它不知道生命的真實面貌是存在本身，而非存在感，所以放棄存在感，也是回到存在的方式之一，而且很有效。把人生中用來證明自己存在的活動都拿掉，你將會發現，其實完全無需證明自己存在，我們就已經紮紮實實地存在著──生命完全沒有消失，消失的是我們緊緊握住的小我。小我需要依賴許多的標籤貼在自己身上，才能證明自己的存在，而生命本身不用，時時刻刻都踏實地存在著。所以我們的決心，就是我們需要抵抗來自小我的壓力，當你已經單純存在著，小我就會起來叫你忙東忙西，最明顯的就是看手機，每當你輕鬆地徜徉在存在的海洋上，小我必然會讓你有種想要看手機的衝動，即使沒看到什麼，也要拼命的滑，好像不滑手機就會失去了某種依靠。我相信智慧型手機的出現，對於小我來說，是史上最偉大的發明之一了。

無法停止的注意力及解釋

我們在日常生活中，無時無刻都注意著現象，從來沒有離開過注意；如果不是注意眼前的現象，我們就在思考，也就是注意著腦袋中那個喋喋不休的室友，這是我們內在的現象。不論是外在的現象或是內在的現象，我們一定會注意著某個現象並對現象解釋，所以注意到現象、必然解釋是一個不受控的習慣，六祖惠能大師在聆聽五祖弘忍大師唸誦《金剛經》時，聽到「應無所住而生其心」，就立刻悟道了。到底「無所住」什麼意思呢？我在網路上搜尋「應無所住而生其心」這句話，大多把「無所住」解釋為「不執著」，然後進一步解釋不執著就是不抓取，我當下才明白為什麼現代很少人因為閱讀《金剛經》而悟道，因為古文大家都不解其意，翻譯又不精準，導致無法參透經文原意。其實《金剛經》是一部直接引導開悟的經典，但是如果把「無所住」解釋為「不執著」，那麼當下你對某個現象不抓取、不在意、不在乎，誰會因為不在意、不抓取一個現象而開悟呢？當初六祖惠能大師如果把「無所住」理解為不執著，那麼也不可能在那個當下直接就悟道了。「應無所住而生其心」是一句引導的句

型，我們要看看這句前面的原文是怎麼說的，隨後我再把整段意思解釋給大家聽，這樣就有引導的作用了。

　　前面的原文是這樣的：「是故須菩提，諸菩薩摩訶薩應如是生清淨心，不應住色生心，不應住聲香味觸法生心，應無所住而生其心。」各位看到前面佛陀告訴他的弟子須菩提說，諸位菩薩摩訶薩，摩訶薩是大菩薩的意思，這裡佛陀舉的例子是大菩薩。佛陀告訴須菩提說，這些大菩薩們，是這樣生起清淨無染的心，這裡的心指的是「存在本身」，因為是清淨無染的，所以不是指攀緣的心，指的是我們的真心本性，指的是存在的本能。讓我們從頭再說一遍：「佛陀告訴須菩提說，這些大菩薩們，是應該這樣生起存在，不應解釋視覺所接收的訊息而存在著，不應解釋聲音、氣味、味道、觸感、想法等訊息而存在著，應該沒有解釋而存在著。」

　　各位看到這裡，就可以明白為何六祖惠能大師聽到「應無所住而生其心」就立刻悟道了，因為他按照《金剛經》經文的引導，直接在當下對所有現象，包括視覺、聽覺、嗅覺、味覺、觸覺、思維的訊號，完全放下了「解釋」，而直接證入無解釋的覺察本身，立刻登出開悟。

登出鍵

121

覺察練習03
PRACTICE

不解釋的實際練習

熟悉覺察練習 01~03，
能更快契入 04（功課）喔！

練習進度 ★★★☆

　　當我們覺察到現象時，必然會升起解釋，也就是我們說的信念，所以不解釋的意思，是感官碰觸到現象後，一開始會發現我們對現象加以解釋，這時我們繼續覺察著現象，並且輕鬆地放下對該現象的解釋。剛開始練習時，適合找一些單純的、持續性的現象來覺察，在感官上最適合使用視覺或聽覺，我們現在就使用視覺來做個練習。請各位找一個對自己來說，不太需要解釋、沒有很大意義卻又很容易將視覺鎖定在上面的物品，例如一包面紙、一支梳子、一個盒子、一個滑鼠墊、一個電源插座，或者一個杯子，對你越沒有意義越容易執行，等練習純熟了，就能對任何眼前的現象、情境、

物品放下解釋。現在以梳子為例，我們將梳子放置於眼前可輕鬆看見的地方，切勿太遠或太近，距離以看起來輕鬆、不費力為原則。

當然不解釋可以在任何地點、使用任何目標來進行，但是一開始在進入不解釋前，我們先做幾項準備工作，更能夠讓不解釋發生作用：

1 首先我們輕鬆地坐著，因為站著容易疲倦，會影響不解釋的品質。坐姿以輕鬆為原則，如果是盤腿的坐姿，建議在臀部下方墊一個墊子或是棉被，讓臀部提高一些，有助於腰部自然的挺直，同時輕鬆不會累。如果是坐在椅子上，有無靠背都無所謂，以輕鬆又不會太駝背為原則。

2 放鬆我們的身體，把身體完全交還給身體，肌肉完全放鬆，讓身體自己運作，彷彿身體不是我們自己的一樣。

3 身體放鬆後，先不要將注意力放在梳子上，先輕鬆地注意我們的呼吸，調息好，我們的內心就不容易產生太多想法，我們的念頭會變得少而細微，這有助於我

們不解釋。我們用鼻子吸氣，輕鬆地吸、輕鬆地吐，當我們輕鬆地注意著呼吸，會經過風、喘、氣、息這四個階段。在風的階段會聽到呼吸的聲音；喘的階段是雖然沒有聲音，但是呼吸不順，有時會有斷點，或是忽大忽小；進入氣的階段，又沒有聲音，又沒有不順暢，但是呼吸仍然是一種較粗的氣；到了息的階段又沒有聲音，又順暢，又細微，若有似無，這時候念頭就很少，心會非常安定。

4 開始將注意力放在梳子上。一開始我們知道那是梳子，是什麼材質的梳子，我們繼續將注意力放在梳子上；很快的，我們對梳子的解釋就會脫落，可能會有一個眼前不知是何物的信念，這時候繼續看著「不知何物」，然後會有一個眼前成為了「空」的信念；我們再繼續看著空，空就會脫落。就這樣，只要有解釋，就繼續看到它沒有解釋為止，到後來覺察與被覺察都不存在了，完全定在圓滿的存在本身，這就是不解釋。

視覺是一個方式，但有更多人適合使用聽覺來練習不解釋，在《楞嚴經》裡，觀世音菩薩的〈耳根圓通章〉，就是用聲音來實行不解釋。找一個持續卻又不會間斷的相同聲音，例如海潮音、脈輪頻率聲波、宇宙基本音，這裡說的宇宙基本音是每當較安靜時，我們會聽到一種嗚嗚聲或者是一種嘶嘶聲，這種聲音是練習聽覺不解釋最理想的聲音之一。有許多人以為那是耳鳴，其實宇宙有著基本的背景聲音，只是我們沒注意或者誤認為是耳鳴罷了，如果能聽到這種宇宙基本音的朋友，不妨用這個聲音來練習不解釋，因為這個聲音對我們人生來說，根本毫無意義，越是沒有意義的素材，越適合進行不解釋。

　　在不解釋練習時，我們明白到「不解釋」並非對一個對象不去解釋它，而是輕鬆地讓解釋自然脫落，當我們持續覺察一個相同的對象，解釋會很難長時間維持下去而自然脫落，自然而然對所覺察的對象失去解釋，同時也會讓我們對自己以及世界的解釋脫落。在沒解釋的當下，自己、世界、時間、空間，全部都消失了，只剩下那個無限延伸的覺察本身獨然存在，也可以說是完全單純的存在著。

不解釋、發呆、靜坐禪定的分別

不解釋的意思，相信大家看到這裡已經有相當的瞭解，我就直接來談談發呆、靜坐以及禪定與不解釋有何分別。

相信大家都有過發呆的經驗，發呆就是我們忽然間未把注意力放在一個外在固定的現象上，發呆的注意力是飄忽不定的，也有可能忽然放在內部某些思想上。如果發呆時只剩薄薄的解釋，也有可能在發呆時進入短暫的不解釋，不過一般來說，發呆只是注意力散亂的一種狀態，並不能跟不解釋混為一談。另外，發呆有時往往會處在一種渾沌的狀態，類似睡著卻又沒有睡著，而不解釋卻是一種極為清明的狀態，比日常生活中任何時刻都要清明。

而靜坐並不會要求沒有解釋，有的靜坐會觀察呼吸、觀想或什麼都不做，只是靜靜看著。靜坐是比較接近不解釋的一種狀態，但通常我們並沒有將所有能解釋的完全放下。例如，當我知道我的身體正在靜坐，或是我眼前有明亮感，整個人有一種輕安的感受，不論有任何感受，我們很自然地會去解釋它，當我們有任何境界出現，我們也很自然地去解釋它，有時候甚至會解釋我開悟了，但是不論你抱持著哪一個

解釋，只要有解釋，就仍在故事內，這點我們要非常清楚。即使你只剩下「我在靜坐」一個解釋，那麼還是無法登出開悟的，在登出開悟時，絕對是沒有任何解釋的。

　　另外解釋一下禪定。我們先看「禪」這個字，這個字是由「示」和「單」組成的，彰顯一種脫離二元的狀態。只剩一元所以叫做單，而定就是如如不動的安住著。禪定的意思就是如如不動的安住在一元的狀態。任何解釋都是二元性的，甚至最基本的二元性就是「能」跟「所」，所以處在一元，就是離開能所，就是沒有解釋的狀態，所以真正的禪定指的就是不解釋，而非任何一種普通的靜坐就稱為禪定。

　　除了真正的禪定就是不解釋外，還有四禪八定，其內容大家有興趣可以去搜尋，這是八種狀態，八定包含了四禪，這八種禪定都有對境可以覺察。在這裡也順便解釋清楚，只要有一個對境可以覺察的，就是境界，還在有能有所的境界；真正的不解釋，不會有一個對境讓你去覺察到並且對它做出解釋。怕大家難以分辨，我在這裡就舉四禪八定裡最低的境界「初禪」來說明，初禪會有一種輕安感，另外有一種喜樂感，這些感覺都是一種對境，並且我們會對其解釋為輕安、喜樂，因為覺得呼吸氣息經由全身毛孔出入自如，因而生起

輕利安適的喜樂感受，有對境、有解釋，所以還沒有真正的不解釋。

登出開悟的途徑　就在徹底地休息

「休者，停止也；息者，歇也。」

停止了什麼？跟從什麼歇下？其實就是解釋。所以休息的意思就是，你把對故事性的那個解釋，暫時完完全全地放下來，放到沒有東西可以再放，放無可放了就是「休息」。

我們平常在故事裡做盡所有的事情，即使外在沒有在做任何的事情，內心裡也正在進行著活動，什麼活動？思想的活動，我們的腦袋遷流不息，一直動一直動，從來就沒有停下來過。我們其實一直在做事情而不自覺，就算坐在那裡，也要想想事情，沒想事情的時候，手機就會拿出來滑，要看什麼？不知道，先看了再說，滑到哪裡算哪裡。

我們人生在故事裡就是太累了，這個要解釋，那個也要解釋，很少時間能徹底地休息。各位沒事就徹底休息，從人生的故事裡完完全全地放下來休息。真正的休息，不是我們

平常的那種休息，什麼都不做，然後就開始想事情，那不是休息，你只是掉進了腦袋裡的遷流不息。遷流不息不是休息。

　　腦袋它講話，把它當成另外一個人，不要把它看成是你自己在說話、在想。你把它看成是另外一個人，當它是一個很聒噪的室友，整天在你耳邊一直唸，所以我們聽到就好，所有的念頭聽到就好，一切自然而然、一切毫不費力、一切毫無作為。

　　「休息」就是自然而然，一切讓它回歸自己怎樣就怎樣，毫不造作。毫不造作，不只是外在的不作，而是內心也沒有任何的造作，沒有任何的活動，輕鬆地讓一切自然發生。風吹著就吹著，腦袋講話就讓它講，然後你是那個覺察，安靜的、寧靜的那一位，而不是腦袋說話的那一位。一切自然而然、完全的自然、完全的休息，這樣子就沒有問題了。

　　休息就是解脫的方法，當你休息的時候，你就自然安住在覺察上，沒有任何的造作。懂了什麼是真正的休息，離登出開悟就不遠了。

　ᯓ
登
出
鍵

登出開悟時

　　我們練習不解釋，到底哪時候會登出開悟，是完全無法決定的，因為它並非一種作為。我們練習不解釋，也無法一下子所有解釋都完全脫落，我們只能讓自己處於一種解釋極為稀薄的時刻，如果我們時常處於解釋稀薄的時刻，隨時都有可能來到解釋完全脫落的瞬間，這個時刻它是一種發生，所以要登出開悟，只有當我們將自己準備好了之後，讓它自然而然、忽然地發生。

　　當登出開悟時刻發生時，我們所見的現象，因為信念的脫落而整個消失了。禪宗說：「能所雙泯，身心脫落，虛空粉碎，大地平沉。」一切所覺察的對象，因為信念脫落所以不存在了；而能覺察者，是因為有所覺察的對象才存在的，所以對於能覺察也不會有任何認知。在這個時刻，所有的信念同時脫落，所有的現象同時消失，一切都不存在，所以說連虛空都粉碎了，腳踩的大地也沉沒了，整個世界的人事物包括自己，同時都消失了，剩下的不是像昏倒或深睡的毫無意識，相反的，因為一切現象都不存在，所以只剩下存在本身存在著，這時候意識無限地存在著，無邊無際，在這個時

刻，登出開悟發生了。至於發生多久，每個人都不一樣，如果這個過程發生，不再有現象的出現，那麼就直接回家了，但是這種機率非常小。一般來說，現象與信念會在一段時間後再度出現，至於持續多久才會出現，並不一定，有的人維持三天三夜，有的人可以長達一週，有的只有幾十分鐘或幾個小時不等。這個什麼都沒有的純粹存在時間一過，信念與現象又會回來，但是與還沒登出開悟前不一樣的是，你會完全安坐在覺察的位置上看到信念與現象，這就像原本你的立足點是線上遊戲中主角的視角，忽然關機什麼都沒有了，只剩下單純的存在著；等電腦再度開機，我是坐在電競座椅上，看著螢幕出現遊戲與主角，這時候你完全明白自己是那個遊戲外、坐著操縱遊戲主角的玩家。從此之後，你的存在方式都是以玩家的方式存在，你的立足點並不在遊戲內（真實的情況是，連遊戲都在你的意識之內）。

在登出開悟又回到現象的時候，我們生命存在的模式，完全都不同了，原來你認為的你，不再是真正的你；原來你認為的世界，只是存在於你意識當中的一個部份，而你是一個無限的覺察、無限的意識；因為世界的萬事萬物都在你的意識之中，所以你就是萬事萬物，你與所有的一切，皆為一

體。你將以一體的角度看到一切原為空，世界上任何現象本不存在，只因信念而存在；而信念只是用來繪畫的顏料，在我們意識的畫布上作畫，一切無時無刻在我們的意識，也就是在我們的覺察下進行，而覺察才是永恆不變的存在。

登出開悟以後

一個人練習不解釋，然後達到登出開悟之後，會整天安住在覺察的位置生活，而他必須繼續保任這種狀態，保任的意思是保持並且任運，保持並非一種作為，而是無時無刻知道自己處在覺察上，這種知道本身就是一種保持，而不是出力去守著一個狀態。而任運的意思，是放任它，並不刻意守著它。所以保任的意思是，知道自己安住在覺察，並不會有任何施力去刻意保持這種狀態。

剛開悟的時候，因為被覺察整個吞沒，我們會每天處在較深的覺察中，隨著現實情境回來，我們會慢慢開始正常生活在有故事的情境中，這時候覺察雖然在，但是有可能心隨境轉而被帶走，所以我們必須好好地保任，務必長養著這份覺察，才不會使它丟失。

這時候我們如同初生嬰兒一般，從故事性的人生忽然轉變到以覺察為主的人生，整個立足點徹底地改變，這時候需要好好的保護與照顧，才不至於毀壞這種出生的狀態。它會慢慢茁壯與成長，等這種狀態穩固後，就會一整天都處在較深的覺察；慢慢地，開始會滲透到睡眠的時間上，不要刻意

去追求睡眠時的覺察，輕鬆地讓它發生即可，因為當覺察的深度還沒達到夠深的時候，我們是不會進入這種連睡眠都安住在覺察的狀態。

　　登出開悟以後的初期與之後的許多階段，我們會面臨一種考驗，就是內在深處的許多信念及情緒會蜂湧而出，在這些階段，我們更需要好好的保任住我們的覺察，它是一個最好的禮物，因為此時是消化信念的最佳時機，我們一下子就可以消融掉大量的信念與情緒的累積；而這些階段也是容易丟失覺察的點，有些朋友忽然遇到大量的信念與情緒時，會驚慌失措而丟失覺察，即使你丟失了覺察，只要一想到，立即回到覺察之位就可以了。對於已經長時間安住在覺察上的人來說，要通過這些考驗並不困難，完全不必驚慌或是擔憂。

　　另外值得一提的是，登出開悟後，人的所見所聞跟平常人沒有差異，不是那種你看到椅子，而他卻看到椅子的分子結構，又或是變成椅子前的能量狀態，你們看到的同樣是一張椅子，差別在於開悟前的你認為椅子與你是不同的，而登出開悟的人會將萬事萬物視為一體，他的視角是整個夢境，會將整個夢境的顯化視為完整的一個，眼前的桌子、椅子、

電腦，自己的身體，全部都是同一個夢境的顯化，他既看出信念對椅子的解讀，也看出萬物的一體性，這個一體性來自在登出開悟以前，覺察與被覺察物是兩個；而登出開悟以後，覺察變成了在被覺察者的角度中覺察著，覺察與被覺察成為了一體，而對於被覺察物的信念，卻越來越淡薄，在每一次的覺察裡，消融了對萬事萬物的信念。

登出開悟後的小我反應

在登出開悟以後，雖然我們的立足點已經移到覺察的位置來生活，以一體性覺察著現象，但是小我，也就是頭腦響起的聲音，並不會放棄掌握人生的主導權，我們很多原本內心不會出現的聲音開始響了起來，如果覺察不夠穩定，有可能會相信小我對你進一步的欺騙與引誘。在這裡，我列出最常發生的幾項，登出開悟後小我誘騙你的計策。第一個就是「既然已經證實一切皆為幻象，此刻當下所見的一切都是夢境，那麼我做什麼都沒關係，我可以在這個夢境裡為所欲為」。在這裡的陷阱就是，當我們把現象完全視為幻象時，除了覺察，沒有任何被覺察為真，這才是真實，而不是想要

為所欲為的那個「我」是真實的，假使真的聽從這個「我」的建議，而對所見的世界為所欲為，那麼我們會越來越感覺到世界是幻象，但這個「假我」是我唯一可以緊緊抓住的自我，我們此時只會更加深對自我的依賴，以及彰顯了這個自我的權威性，我們的立足點也會不自覺地從覺察移動到這個小我身上而不自知，不知不覺又被這個小我完全操控了。

　　第二個小我最常出現的誘騙伎倆，就是緊握住「我」是個開悟者。好不容易將立足點從這個自我移開，退到了覺察上，小我偏偏就要將登出開悟拿來變成它的成就。如果我們太過關注這一點，並且肯定了這點，我們就會不知不覺被小我奪回控制權，同時也讓小我坐大到不可思議的境界，小我會變成一個佛陀、一個聖者、一個開悟的覺者。以前自我在世界裡很難變成一個全球首富，很難拿到諾貝爾獎，但是一旦登出開悟被小我利用成為它的豐功偉業，它的巨大彷彿就成為了世界之王，完成了全宇宙最大的成就。我看過許多所謂的大師，都迷失在這個小我的誘騙中而不自知，這是小我最有可能會利用的一個項目，要知道登出開悟是關乎消失，也就是小我與世界的消失，我們才能回到生命的真實源頭、無限的覺察。登出開悟完全不是誰達成了什麼，也不是誰達

到了哪裡，更不是一種成就。

　　而第三種小我的誘騙，它極有技巧地閃過了登出開悟的故事性，但是每當在回答別人問題，或是對別人講述解脫的方法時，它就會產生一種莫名的優越感，藉由這種優越感來建構與壯大自己。這要隨時保持著較深的覺察，我們就能注意到小我這些微細的小動作。

　　除了以上三種小我的誘騙外，還有一種比較特殊，它會常常發表聲明，表示人生毫無意義、極其無聊，借由否定人生，來讓你慢慢找尋人生的意義。說穿了就是變相的建立「我」的意義，目的是讓你重新找到一個能讓小我立足的點，從那個點重新建立小我的權威。事實上，當我們登出開悟時，我們真真實實體驗到我們就是那個活生生的生命本質，直接活進生命裡，與登出開悟前需要尋找人生的意義是完全不同的，一個是找些替代品來代替生命的本身，而另一個是直接成為了生命本身。所以這個誘騙是企圖讓我們回到登出開悟之前，無形中又將立足點落入小我之上，我們要非常警覺地覺察到這點。

登出開悟與神祕體驗的不同

我們常常看到許多人把登出開悟跟神祕體驗混為一談，神祕體驗有的屬於神通、神蹟，也有一些是精神上、意識狀態上的體驗，有的是與整個身處的環境有完全合一的覺受，有的感覺自己與上帝完全融合在一起，有的感覺自己無限擴張，大到充滿了整個宇宙。不論是什麼體驗，其實都與登出開悟完全沒有關係，因為任何的體驗，都有能體驗的主體與被體驗的客體，也就是有「能」有「所」，但是登出開悟卻是能所雙亡的時刻。我們並不否定這些體驗有著極為難得的珍貴覺受，也肯定許多的體驗具有改變看待世界方式的作用，不過只要有能覺察的與被覺察的對象，就不是登出開悟，這點我們要非常清楚。在邁向登出開悟的道路上，有可能會碰到許許多多的特殊體驗，我們只要對登出開悟理解不夠清楚，就有可能隨時把神祕體驗當成了登出開悟，一旦認錯了，就有可能落入另一個故事情節裡，無盡地循環。對於登出開悟，我們必須特別謹慎來看待。

另外某些靈性修持者，會借助啟靈藥物來產生神祕體驗，關於這點，我們要瞭解，不論你體會到怎樣的神祕體驗，那

就是一種體驗，仍然落在能體驗與所體驗的狀態，那絕對不是登出開悟。這裡我們必須知道，任何藥效產生的一定是現象，而登出開悟是離開現象的，所以如果你真的想要達到登出開悟，借助啟靈藥物反而是一條歧途，這也是我們必須非常清楚與謹慎的。

對於神秘體驗，我們常常沒有招架之力，因為對於登出開悟的期待，當我們有某些體驗時，很自然會希望那就是登出開悟，我們的小我會欺騙自己，告訴自己「我」已經開悟了。有許多人到了這個階段，立即變成大師開班授課，反倒誤人誤己。凡是可以利用來壯大自己的元素，小我它完全不會放過，到最後，連開悟也成為了被利用的元素。對於小我的把戲，我們不得不慎。

帶著覺察入睡與醒來

當我們睡前保持在深深的覺察上，我們的身體仍會因疲倦而想要睡眠，這時候不要去抗拒這種想要睡眠的感覺，輕鬆地躺著，完全放鬆我們的身體，但同時輕鬆地知道我們深深地安住在覺察上，慢慢地，你的身體就會滑入睡眠狀態裡。

在這裡，大部分的朋友都會因為緊抓著覺察而睡不著，又或是睡著後很容易醒來，睡眠最重要的要訣就是放鬆，所以我們只要輕鬆知道我們保持著覺察就可以了，只要一出力，我們就會睡不著或醒來。如同吉他的弦一樣，太鬆會彈奏不出應有的音色，太緊又會斷掉，睡眠就是讓我們練習保任的最佳工具，當覺察的深度夠深，且保任的鬆緊能夠調整到恰到好處時，我們就會把覺察導入睡夢中，這時候你會覺察到自己身體的疲倦，慢慢地，滑進睡眠當中；然後你會覺察到進入夢境，你將會在夢中覺察著一切的發生，夢中生起的自己，以及夢中出現的所有場景，都會清晰地歷歷在目，而解析度會比我們醒著的時候還要高，如同清明夢一般，因為夢中我們沒有視力的問題，所以我們可以輕鬆地觀察到夢中景物的所有細節。

當進入夢鄉後，我們唯一要做的就是覺察著一切的發生，不要像清明夢玩家一樣，用意志去改變夢中的場景與發生的情境，只要輕輕鬆鬆覺察著夢中一切的發生即可，因為我們最重要的課題，是要保持夢中覺察的穩固而不是享受清明夢，一開始過於操控夢中情境，我們的覺察容易被夢中情境帶走而丟失覺察。

當我們順利帶著覺察進入夢境後，我們會體驗到許多轉夢的過程，也就是夢境場景與故事忽然轉變的過程，這些過程也是考驗著保任鬆緊度的時刻，如果鬆緊適宜，就會很順利地轉變；如果有時候太緊，就會在夢境轉變時醒來。當我們熟悉這種保任的鬆緊後，會取得一個最好的位置，會進入一個完全放鬆，卻完全知道覺察著的點，只要來到這個點，從今以後保任就完全沒有問題了。這時候夢境的過場，以及出入夢都非常輕易，當我們覺察著夢境瞬間停止時，有時會繼續進入下一次夢境，有時會停在無夢的時刻，這時候我們會仍然繼續安住在覺察著無夢的狀態。當我們要醒來，有可能是在這種無夢的狀態裡醒來，也有可能在一個夢境中驟然甦醒，但這一切過程都在覺察下清清楚楚。

能每天都在睡眠中覺察，是一個相當重要的里程碑，它代表著你的覺察已經二十四小時能存在於生活中，你的整個人生的立足點，徹底從故事性轉移到覺察上了，到了這裡，才是要回家或是要當超級玩家的分水嶺。所以立志要當超級玩家的朋友們，請勿太早想要完全操控自己的信念，到了這裡，才是一個開始。

論回家

　　大部分想要登出開悟的朋友，主要是想體驗真正的生命本質，要活進生命的源頭裡，甚至想回到整個生命的源頭而不再輪迴，以這樣目的登出開悟的朋友，我們稱為「選擇回家」的朋友。「回家」所經歷的過程，初步就是登出開悟，登出開悟只是個起始，所以佛學上稱「悟後起修」，意思是說真正的修行，是等登出開悟以後才開始。這是毋庸置疑的，原因是當我們沒有辦法把安住覺察這件事二十四小時鎖定住，我們會難以消化信念，因為碰到一個情境，信念在 0.018 秒中就產生，幾乎同時又生起許多的信念，除非我們覺察比信念還快，才能捕捉到信念。唯一的辦法只有讓覺察不中斷，只要讓覺察先在那裡等著，不論多快升起的信念，都躲不過覺察，這樣才是真正消融信念的開始，否則我們的生活只是一直在堆疊信念，越堆越厚，從來就沒有消融過。所以悟後起修，到底修的是什麼？就是要消融我們人生的信念。

　　為什麼要消融人生的信念？因為無數輩子以來，這些信念堆疊成我們的人生故事，我們要跳出故事，就要消化信念，讓信念歸零。那麼到底要消融到什麼時候？是不是我們花無

數輩子堆疊建立的信念垃圾，又要花無數輩子去消融呢？答案當然是否定的，如果需要花無數輩子去消融信念才能回家，那麼我相信沒有人願意回家了。

消融信念是一個必經的過程，消融信念與穩定覺察有直接的關係。我們並非要把全部的信念消融掉，而是隨著信念的消融，我們覺察的深度也會與日俱增，而消融信念的過程是飛快地進行著，一秒內就有許多的信念跑出來，越消融，覺察就越穩固越深，只要我們的覺察夠深，即使活著的時候還未將信念完全消融，當死亡發生時，我們也能穩穩地安住覺察上，不被死亡出現的幻境所拉動，就可以不再輪迴──在死亡時可以借助本源之光回家，而不用再輪迴，我們就可以回家了。

而每個登出開悟後安住在覺察的人，一輩子中會有多次較大的登出開悟經歷，以及無數次較小的登出開悟經驗，每一次都會加深你的覺察，讓你的覺察越來越穩固，穩固到一定程度後，死亡幻象便動搖不了你的覺察之位，你便可以穩穩地不再輪迴。

從另外一個觀點來看，當你登出開悟後，立足於覺察來生活，其實你已經是安住在家裡，沒有另一個家需要回。原本開悟前，你是螢幕裡遊戲的主角，在遊戲裡運作著、生活著；登出開悟以後，你變成看著螢幕、操控著遊戲中的那個主角。以前你認為是你的那個主角，在登出開悟後，你就像存在於真正的家，繼續盯著螢幕玩著一個遊戲。請注意，你是在家裡玩著遊戲！只要你的覺察夠穩定，就不會被遊戲的劇情給拉進遊戲裡，而忘了你並非遊戲裡的主角，也不是那個遊戲！當能實際體會這點，你已經在家裡了，所以隨著覺察穩固後，你會有已經在家裡的體認，這種體認讓你真切體會到已經到家了，沒有另外的家要回。

　　問題只是我們是否會被情境拉回故事中，由覺察著的玩家視角掉回遊戲主角的視角？尤其是死亡發生時，遇到的現象強度將會更劇烈，會不會繼續輪迴就看我們將覺察穩固到什麼程度。

論死亡與輪迴

這並非是一個令人恐懼的話題，相反的，它是每個人都必須經歷的一個過程。我們並不需要逃避它，我們要瞭解它、駕馭它，更要超越它，讓它成為我們的助緣，也讓我們知道在死亡來臨時會面對什麼？我們又能做些什麼？

死亡的時候，會按照生前所相信的系統來產生幻境。例如相信死亡時有黑白無常來帶你走，你就會「夢到」黑白無常來帶你離開人世，然後來到一片荒蕪之地，許多亡靈與你一同前進著，之後來到一座奈何橋，聽說過了這條橋就無法再返回陽間了。橋上有一位孟婆，會遞送一碗孟婆湯給你喝，喝下去之後，就會忘記生前的所有記憶。如果相信有天堂與地獄，你可能會經過審判，眼前一面鏡子，應該是螢幕，快速地播放你一生的所有情境與作為，然後成為審判的依據。審判完之後如果是好人，你就可以上天堂享福；如果是壞人，你就會下地獄受苦；如果好壞參半，就會再次投胎為人。

這些情節就是一種系統，如果相信某一種系統，那麼你就會遇到該系統。事實上死亡時所接觸到的，只是記憶儲存庫的信念所形成的幻境而已，死亡時就是在做著一個夢，千

萬不要被夢境所困，不論見到什麼，我們只要安住在覺察，看著現象而不要對它解釋，只要不升起感受與情緒，幻象瞬間就會消失。

死亡，它是一個過渡時期，就好像我們一天與一天中間，有個過渡時期稱為睡眠，死亡就是我們今生與來世中間的一個過渡時期。我們在睡眠時，會有夢境，而死亡時，也會有幻境，沒有了身體的限制，更多的幻化情境從記憶儲存庫裡跑出來，這時候如果能安住在覺察上，我們就不會被幻境拉動。當我們能如實地覺察著所有升起的現象，並了知死亡時一切升起的現象都只是幻象，如同夢中的影像，我們就能避免對幻象升起過度的感覺與情緒。

死亡時，最重要的關鍵，就是要能安住在空空盪盪的覺察，只要我們安住在空空盪盪的覺察，我們就能避免因為太靠近眼前的幻象，導致產生過多的情感與情緒，而投生到某個與這些感情與情緒相應的來世。

如果你對死亡沒有任何的觀念，沒有套進某種系統裡，那麼死亡會極為單純，就是一個夢境，而夢中的境遇都是從你的記憶儲存庫中的信念產生的，只要保持著覺察，不對眼

前的情境產生過多的情感與情緒，你就能超越輪迴；如果你被眼前的景象迷惑，而產生欣喜、瞋恨、悲傷等不同情緒時，就會被吸引投生到該情緒相應的來世。

　　所以整個死亡的過程，其實也只是顯化法則的運作，生命除了顯化法則外，其他所有的運作系統，都是顯化法則所顯化出來的。所以我們活著時沒有解決的問題、沒有消融的信念，不必期待死後可以消失，或來世可以不必面對。

　　再來我們談談輪迴。是不是我們死亡後，非要輪迴到另一世不可？答案是否定的，事實上沒有任何一種力量強迫你進入輪迴，一切輪迴的運作只不過是信念的顯化作用而已。在死亡的夢境中，我們的記憶儲存庫跑出了許多的夢境，如同我們晚上做夢一樣，而我們又對這些夢境生起了情感、情緒，顯化了下一世的發生，事實就是如此。所以我們在死亡時，首先要知道眼前的一切都只是夢境，這就像是清明夢一般，如果你要控制夢境，首先必須進入清明夢的狀態；而死亡時的過程，就是一種夢境，所以我們如果能以清明夢的角度來面對這個夢境，我們就更有機會掌控夢境。但是這種夢境幻境比一般夢境更加真實，視覺、聽覺、嗅覺、味覺、觸

覺各種訊號都非常強烈，所以如果我們有登出開悟的經驗，能夠安住在覺察上，而不被眼前的幻境所動搖，我們就能超越輪迴。

從短暫的登出開悟 到恆久的登出開悟

我從第一次登出開悟的經驗，自我與整個世界在某個剎那完全脫落後，我的生活主體就從原本的自我，徹底地轉移到那個無邊無際、不動的覺察，但我後來才發現，許多發生登出開悟的人，剛開始都是忽然間擁有了一次登出開悟的經驗，然後存在的立足點，很快地或一段時間後，就退回了小我的立足點，登出開悟成為了一次短暫的經驗；而有許多人甚至沒有認出某個短暫的身心脫落、能所俱忘的瞬間，已是體悟了登出開悟。許多人跟我說，他曾經有恍神的經驗，意識非常清明，但是一晃眼就過了好幾個小時，其實這就是登出開悟，只是因為當這段時間過後，我們存在的立足點又回到了我們原來認為是「我」的那個小我上，而不是回過神來之後，立足點繼續安住在覺察上。

要如何將短暫的開悟體驗，進一步延伸成為恆久的登出開悟體悟？首先我們要知道而且確認，覺察才是真正存在的本體，而不是小我。我們都可以覺察到我們的思考、我們的感覺、我們的情緒這些內在的現象，我們甚至可以進一步覺察到對眼前現象的解釋，也就是信念，根據這些被我們覺察到的內在現象，組合成一個虛假的自我，並且把它當成我們存在的主體，而我們認真的去解析這個主體會發現，這些都只是現象的組合，這個自我實質上並不存在。

　　當我們登出開悟時，我們會體驗到只有覺察存在，而沒有其他任何現象存在，更沒有虛假的自我存在，所以這時候可以稱為**體驗實相**。當現象與小我又從實相中生起時，如果你能確認覺察才是真我，同時沒有把安住的位置移到小我上，你就會緊緊地安住在覺察上，而現象與小我都會成為你覺察的對象；持續地安住下去，就會從短暫的體悟成為恆久的安住。當你的立足點不自覺移到小我時，你會立刻警覺，當你一警覺時，你的存在立足點又會回到覺察，隨著無時無刻將立足點安住在覺察時，你會再一次發生整個世界與小我都消失的時刻，而再次開悟；而當你開悟後，現象與小我再次生起時，你立足於覺察將會較之前更加穩定。繼續保持下去，

你的覺察會越來越廣闊而有力，你的安住將無可撼動，你就能從輪迴中解脫，永不受信念顯化的影響，也就是離開業力的牽引。

看到這裡，你已經理解了整個生命的運作，以及如何離開這齣由信念所編導的人生大戲，接下來為各位準備了一些可以操練的功課，實際去體驗你從書中看到的狀態與實相，持續做下去，你會體會到成果！

功課

練習進度 ★★★★

熟悉覺察練習 01~03，
能更快契入 04（功課）喔！

　　以下總共有十五項功課，每項功課進行二天，為期一個月的時間。當所有功課完成後，你可以從頭閱讀這本書，閱讀到這裡再進行功課一個月，直到登出開悟為止。功課是為了實際深化覺察、體驗觀察者、體驗空、軟化人生框架、直接體悟空性而設計的，每一個功課都有其意義與實際的轉化成效。你既然願意看這本書，希望可以好好地落實這些功課，以達到最大的轉化，離登出開悟越來越近。

01. 覺察呼吸

　　起床後一直到入睡前，一整天的時間隨時隨地都要覺察著你的呼吸，請注意，要求的是無時無刻，所以即使在思考、在工作、在與他人說話時，在任何時間都要覺察到自己的呼吸。你可以將注意力放在鼻孔，也可以放在其他與呼吸有關的地方，例如鼻腔。覺察呼吸時要注意到細節，例如氣味、冷暖、出入鼻腔的空氣量、呼吸長短等。另外，覺察呼吸並非一整天只注意著呼吸，什麼都不做，最好的方式是生活正常運作，該進行什麼就進行什麼，但是每一次呼吸，都能如實注意到。做這個練習可以快速增加你的覺察力，習慣成為一位觀察者，除了覺察呼吸，行住坐臥的一切運作，都會變得清清楚楚。

登
出
鍵

02. 覺察眨眼

同樣地，起床後一直到入眠前，一整天的時間隨時隨地都要覺察著眨眼的動作，一開始好像會刻意眨眼而顯得有些彆扭，但隨著覺察的時間增長，這個動作將會變得越來越自然。我們並非去做一件眨眼的事情，而是人們本來就會眨眼，我們只是注意到它而已。這個練習是覺察呼吸的進階版，難度也比覺察呼吸來得高。困難點在於，你的生活要如常地運作，也要覺察到眨眼睛的同時，眼部週遭、眼皮以及眼睛的感覺與現況，例如眼睛是否乾澀？眼皮是否跳動？眨眼的頻率快慢等等。當不自然的狀況褪去，你將會有一種人生諸事都在自動導航下進行的感覺，而你只是看著一部電影的覺察者，正在觀賞自己的人生劇場演出。當你成功做到這一步，下一個練習將會更容易達成。請記住，這個功課如果要做得順暢，你的整個身心必然是非常放鬆的，這不是緊繃可以完成的功課，越放鬆你會越容易達成。

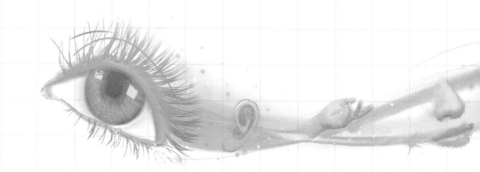

03. 覺察全身

　　這是覺察系列功課的第三個，也是最困難的一個。有人會問我，覺察全身到底要覺察那些地方？覺察全身，顧名思義就是全身都要覺察到，但是一開始我們無法覺察到全身，至少要覺察到行動或動作的部分，例如呼吸、眨眼、手腳、身體的動作等，如果能覺察到心跳就更理想。先以上述這些為主要覺察對象，等練習純熟後，全身都是你覺察的對象。請同時覺察著全身，而不是身體各部份輪流去做，有人想著要全身覺察，那麼就從頭到腳輪流地覺察，先覺察手指，再覺察手掌，接著覺察手臂，這是不正確的，你能同時覺察的部位有多廣，就盡量覺察。同樣的，你要正常運作你的生活，該工作、該思考、該應對的，全部照常運行。這個練習比前兩個練習更需要放鬆，請記住，你只是個放鬆的觀察者，觀察著全身的行動、感覺、狀態而已，你並非在造作一些事情。

04. 數亂數

　　這個功課的操作方法，是從心中自然地冒出 01-99 之間的亂數，在心中依序默數，例如 35、78、14、88、63、67、31、19……，節奏大約一秒一個數字的默數。進行這個功課時，請嘗試與你的某些生活作為一起達成，初期執行上如果遇到困難，例如當你需要思考、與他人溝通談話時，可以先暫停；一些可以與生活同步的，例如步行、等公車、打球、洗衣服等，即可與此功課一起達成。不要求一整天進行，盡量抽空多做即可。這個功課一開始也會有刻意進行的感覺，慢慢也會做到自然而然，完全自動地生出數字。這些功課除了訓練覺察力外，從中會培養自動運作生命的機制，慢慢就能退出造作生活作為的階段，真正成為一個生活的觀察者，就可以像欣賞電影一樣看著主角在進行生活，而那個主角是以前你認為的你，現在只是看著他開展生活，你就會完全明白真正的你並非原來認為的你，你是那個不動的覺察，而非戲中主角。

05. 變換物體標籤（指鹿為馬）

　　這個功課的操作方式是挑選一個眼前的現象或情境，當我們看到時，會在 0.018 秒的極短時間從信念儲存庫中提取適合的標籤，立刻為其貼上，這時候我們察覺到它是什麼的一瞬間，立刻用另一個標籤來指向它，並且真切地認為它是你新貼上的標籤。例如眼前有一顆蘋果，將它定義成蘋果的一瞬間，我們立刻用椅子這個新標籤替換原本的蘋果，默唸或者唸出來，並認為它就是椅子。一開始我們會覺得很荒謬，隨著練習次數的增加，我們越來越覺得原來世界萬物只是標籤而已，並隨時可以替換標籤。當你百分之百認為它是椅子，你就可以坐在上面；當你百分之百認為它是刀子，你就可以用它來切割物品。這個練習可以培養**如幻的視角**，你會覺得一切越來越虛幻，也會覺得看到的一切都是空，都是毫無意義的存在，就會越來越不解釋。

登出鍵

06. 注意物體與自己中間的空間

這是不解釋功課裡的一個起點，同時也是最重要的功課。如果大家有看過《金剛經》或是《六祖壇經》，一定知道「應無所住而生其心」這句話，而這個功課就是練習「無所住」。

坊間對這句話的註解多半是：「對於一個事物應該保持不執著的態度來生起清淨心。」但在面對現象時，有的現象會讓我們較為執著，有的並不會，如果不執著就是開悟的關鍵，那麼碰到我們不會執著的現象，我們就產生無染的清淨心而有開悟的機會了，生活中有非常多的時刻會碰到不執著的現象，那麼每個人應該都早就開悟了！所以「應無所住而生其心」的「無所住」指的並非不執著，而是另一種狀態。

我們從早到晚，無時無刻都在注意著現象，而每一次注意到現象時，都會解釋現象，「無所住」的意思就是沒有注意著現象，但是我們天生無時無刻都注意著現象，即使不是注意外在的現象，我們也會注意著思維、思考等內在的現象。我們要知道，注意現象，必然解釋現象，只有對現象的解釋不存在，才能沒注意到任何現象；換另一種說法，我們才能

注意到現象的「原貌」，未經解釋、信念渲染過的原貌，這也是《金剛經》另一種句型所要表達的。《金剛經》裡有非常多「××即非××，是名××」的句型，例如「所言一切法者，即非一切法，是故名一切法」、「世尊說我見、人見、眾生見、壽者見，即非我見、人見、眾生見、壽者見，是名我見、人見、眾生見、壽者見」。前面指的是我們對現象原來的信念；中間的「即非××」是將原來的信念瓦解，成為了一個空信念：後面的「是名××」指的是事物的原貌，我們也才能把這個現象叫做××，它是真實的××，而非用信念虛構的解釋。

說了這麼多，那麼跟這個功課有什麼關係呢？這個功課的操作方法，是我們先將注意力看著眼前的某個現象，隨後轉移到與物體之間的「空」之上。我還是舉蘋果的例子，當我看到一顆蘋果，就把注意力移向眼睛與蘋果中間的空間上，也就是視覺焦點從蘋果移至中間的空無，看著空無一物的空間，因為空間無法有形體，所以也無法產生解釋。當我們從蘋果移向中間的空無時，我們等於讓蘋果變成《金剛經》的句型「蘋果，即非蘋果，是名蘋果」，從一個有意義的物件

「蘋果」，轉移到中間的空無，這時候，我們的眼睛事實上還能見到蘋果，只是蘋果變成了空無，是沒有意義的物件——從有意義，就是沒有意義，所以才是它的真意義。

　　這個功課沒辦法全天候的練習，只能在我們一有空的時候就練習它。

07. 散焦

　　這個功課事實上與上一個功課〈注意物體與自己中間的空間〉完全一樣，只是一開始就說「散焦」，會不知道如何操作。使用過單眼相機的人都知道，單眼相機需要對焦，如果我們開啟手動對焦模式，只要把焦點從物件上調走，物件就會變得模糊。這個功課就是用眼睛對焦，然後輕鬆地將焦點模糊化，這樣就自然而然會注意著空無，而達到不解釋的功效。只要這種不解釋的頻率越來越高，時間越來越長，就會在人生故事裡鑿出一些空洞來，我們不再一整天都注意現象而解釋現象，形成不間斷的故事性。我們的故事一旦有些暫停的時間出現，就有機會從故事裡登出開悟。這就像是我們專心看一部電影，忽然按下暫停鍵，才會發現自己身在何處，而非之前完全融入電影的劇情中，眼中只有電影裡的劇情而已。

　　這個功課雖然與上一個功課是一樣的，但是先練習過上一個功課，這個功課才會得心應手，而以後重複練習時，只要做這個「散焦」的功課即可，它相當於電影或是遊戲的暫停作用，對於登出開悟來說，非常有效與重要。

08. 把空間移回物體

　　這個功課是前兩個功課的延伸。前兩個功課是練習「色即是空」，而這個功課是練習「空即是色」。當我們看著物件，把視線移到中間的空無，再把中間的空無往前推到物件上，這會有一種「雖然我看著物件，卻對物件完全失去解釋」的感受，我們就能明白《心經》裡說的：「色即是空、空即是色。」看到經文的文字，我們只能意會經文的意思，藉由功課的實際操作，我們可以直接契入經文內容，實際去體會經文。

　　實際的操作，就是先把注意力放在一件物件上，然後我們把注意力移到物件與眼睛中間的空間，停留約 10 秒以上，再將中間看到的空無，推回到物件上去。意思是這樣，當然空無無法移動，我們只要知道意思就好，並將視線帶回物件上即可。

　　這個功課也是盡量抽空練習，練習的多寡，關乎你想要登出的決心有多大。

09. 用「他」來表達自己

這個功課非常有趣，我們從第一人稱，稱呼自己為「我」改為「他」，也就是當我要跟別人說：「我要跟你拿上個禮拜的報表。」就要改成：「他要跟你拿上個禮拜的報表。」如果問：「是誰掉的皮夾？」你只能回答：「是他。」你不能使用其他字眼代替，例如名字或外號，唯一能用的就是「他」，但是允許可以用手指指著自己，這是功課中最大限度的作為。

一整天的時間，如果能做到連工作時都進行功課，這樣的效果最大，因為工作上需要與他人交談時做此一功課是最有威力的。

在這個功課裡，我們把我們整個世界裡唯一的主角拿掉了，我們自然而然會用一種旁觀者的視角來看待整個生活，我們會有趣地發現當這麼做時，彷彿在看著一部影集，一切都好像事不關己，而自己是那個看著一切、欣賞著一切發生的人。一開始或許會一直出錯，但只要用心去做，一段時間後就能完全做到，我們將會體驗到沒有主角的世界是多麼的自由與神奇，將會發現平常我們被這個「我」字限制在許許

⏻
登
出
鍵

多多的框架裡，也因為進行了這個功課，我們將會從諸多框架中解放出來。各位千萬要好好地進行這個功課，或許你會不好意思在別人面前做這個功課，但是各位要想想，我們是要從整個人生故事裡解脫出來，我們要登出開悟，如此巨大的決心，怎麼能讓這小小的不好意思推翻你的宏願呢？這也會讓我們看到，我們是多麼在意他人對我們的看法。

　　這個功課不僅是跟他人說話時要說「他」，包括使用所有的社群軟體如 Line、Instagram、Facebook、微信等，全部都只能用「他」來代替「我」。

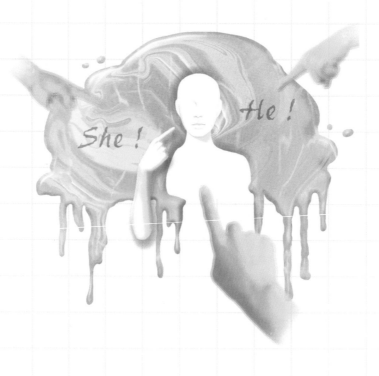

10. 看電視或手機、電腦、平板電腦的 1/4 畫面

　　這個功課是要讓我們直接跳出沒有意義的人生故事。當我們看到現象，會立刻生起解釋；當我們看到無意義的畫面，解釋生不起來時，會有機會直接安住在空空盪盪的覺察。

　　操作的方式是當你在看電視、手機、電腦、平板電腦時，把畫面的 3/4 遮住，只露出一個角落，左上、左下、右上、右下都可以，同時把聲音關掉，不要去猜想畫面的劇情，只是很輕鬆、很單純地去看就好了。只要抽空來練習即可，次數越多越好，就是一個看電視的功課，非常單純也非常簡單。

11. 倒著唸書

平常閱讀的時候，我們很輕易就能看懂書中章句所傳達的意義，但是當我們倒著唸時，相同的字所組合成的一段話，我們卻完全不知道它的意義。這說明了事物的存在，在原始狀態並沒有意義，意義是我們賦予它的；而我們賦予它的意義，也只不過是人類大家講好的一套規則，與真正的真實毫不相干。當我們倒著唸書時，解釋無法生起，自然而然地進入不解釋的狀態。

實際操作時，隨意地由下往上、由左至右地唸，如果仍帶著意義，可以試著橫著唸（假使文字是直書的）。這個功課看似簡單，效用卻很深遠，每天一找到空閒就唸，輕鬆地把字唸過去就好。《金剛經》說：「凡所有相皆是虛妄，見諸相非相，即見如來。」其中「相」的意思是「可辨識的對象」，當我們反過來唸書的時候，自然變成了不可辨識，也就是非相，所以這是一個直接登出開悟的功課，希望大家不要輕忽。

12. 我是誰

　　這是禪宗參話頭的話頭之一。當我們問自己這個問題，不要用頭腦給出任何答案，要用心去體會答案，但這個問題不會有任何答案，因為說到底，沒有一個東西可以稱為我，所有我們認為的我，其實都只是「我的」，也就是能覺察的對象。

　　這個問題要一直問，由內心問出「我是誰」後，往內去看看，到底是誰在看著這一切，然後再問，問到廢寢忘食，問到心中只有這一句，無其他念頭，當我們問到頭腦當機時，一切就會歸於寂靜，只剩無邊無際的覺察，這樣就成功了。

13. 禁語

　　如果你上班一定要說話，那麼就利用例假日進行禁語的練習。當我們外在不說話，內心念頭會特別多，這時候我們覺察著念頭，而不要跟隨念頭，我們會發現一整天中，到底有多少的念頭來來往往。當我們不跟隨念頭，慢慢地，念頭也會越來越少，有機會完全安靜下來。

14. 呸！

　　我們用簡短有力的聲音，大聲把「呸」這個字衝出口，使出全力去唸。短促的「呸」，不是唸〔pe-i〕，而是〔pe〕就立刻截斷發聲。

　　當你唸完「呸」的一瞬間，馬上安靜下來、停下來。在剛唸完的一瞬間，是生不起任何信念與念頭的，我們能停多久都沒有問題，只需要暫停，這是一個暫停鍵，按下後自然停住，等信念或念頭生起後再活動。

　　一有空就練習這個功課，不用在意別人的看法，只要不會干擾到他人即可。這個功課可以截斷一切的信念，瞬間讓整個世界都停止，有機會讓我們掉入空空盪盪的覺察，夠深的話有登出開悟的可能。

15. 不斷提醒這是個夢

　　當晚上睡覺做著夢的當下，忽然你意識到這是一個夢境，然後告訴自己這是一場夢，那麼只要想醒來，你就會醒過來。而我們現在這個現實，其實也只是一層夢境，訊息量較大的夢境而已，所以不斷提醒自己現在正做著夢，我們就等於進入清明夢的狀態，我們要醒來就更容易了，這就是如幻的視角。

　　這個功課的操作方法，就是我們無時無刻看到現象時，就跟自己說「這是一個夢境，我正在做著夢」，你會立刻有一種如夢似幻的感覺，越是對當下所謂的現實看成是夢境，我們事實上就越接近真實。

本書的前半部，是針對想要登出開悟的朋友所說的，不論你的目的是要回到生命的本源，還是想完全掌控自己升起的信念，做一個超級玩家，你都要實際地登出開悟。然而我們的人生並非登出開悟才開始顯化，而是我們無時無刻都在顯化法則的運作下生存著，所以了解顯化法則，即使尚未登出開悟，也能利用一些技巧，使我們的人生更稱心如意。以下就開始介紹顯化法則。

It is a dream！

顯化法則

03

賊為超級玩家之路

我們雖然理解了眼前的一切現象，只不過像電視訊號一般，我們接收進來，用信念進行解碼，形成了認知與結論，但我們每天所遭遇到的這些情境又是從何而來？為什麼我會注意到這支股票，為什麼又會大跌套牢？為什麼讓情侶相遇了，卻又各分東西？公司後輩小陳這個月加薪了，為什麼我卻被老闆遺忘？彷彿一切都是從天而降的際遇，完全無法預料，我們永遠無法知道明天會發生什麼事情。

　　事實上，我們每天遭遇的每一件事、發生的所有情境，都與我們的信念有關。在這裡我必須從頭說起，讓你了解情境是如何顯化出來的，我會盡量用舉例的方式，讓你慢慢理解什麼是「顯化法則」。

情境的顯化法則

　　顯化法則與吸引力法則不同之處，在於它並非是「心想事成」的方式，而是「相信事成」的法則。簡單來說，我們身處的每一個當下，同時存在著無限的可能性，也就是每一個當下，有無數個平行宇宙同時存在著。當你開著車，在路上遇到一個十字路口，你有左轉的可能性、右轉的可能性、

直行的可能性、迴轉的可能性，或者有停在十字路口的可能性、撞車的可能性、棄車而逃的可能性，還有其他成千上萬的可能性都存在這個當下，而顯化法則就是讓某一個可能性，成為能被自己感知的情境，這個情境就會讓你自己覺察並且解釋它。

每當我們覺察到一個情境，就會提取自身記憶庫裡的信念，比對該情境後，得到許多解釋。那些解釋在當下形成了一個藍圖、一個架構，從而建構出當下世界的樣子。當我們接受了建構的結論後，會開始認為當下的情境對自己是友善的，還是惡劣的？這是我想要的情境，或是抗拒的情境？在這些不同答案形成之後，我們會產生感受、產生情緒，感受與情緒是一種振動頻率，我們根據這個振動頻率去顯化下一次回饋我們的情境訊號；也就是根據我們的感受，顯化了下一次在未來的某一個時間，讓某個情境「明顯化」。在此同時，我們也把對當下情境的結論，回存至我們的記憶庫裡，以便下次遇到類似情境發生時拿出來比對。

在這裡我們用一個例子演練一次，各位就會明白我在說什麼了。假設今天跟平常一樣，早晨起床、刷牙、洗臉、上班。上班途中，我不慎踢到石頭，新買的皮鞋刮傷了，這時候我

想著：「今天為什麼這麼倒楣，新鞋子剛買來就刮傷了。」各位有沒有發現，剛剛這段內心的話語，正是我對當下的情境，從記憶庫裡提取了某些信念，完成了一次解釋——我解釋今天穿的是新鞋，我解釋鞋子刮傷，我解釋鞋子變醜，從美觀變成醜陋，從新變舊了——所以我解釋：這對我而言是一件「壞事」。我得到了一個結論：我遇到了一件壞事。這個遇到壞事的結論，自動存回記憶庫裡，並且感覺糟透了、很生氣、好鬱悶，這些情緒被當成燃料，推動了今天遇到壞事的情境將會在未來某個時間點，顯化出一個「我會提取跟今天一樣的信念」的情境發生。結果在兩週後的某一天，我穿著幾天前用獎金買的嶄新西裝外套，在下班擁擠的公車中，被某人皮包突出的一個小鉤子給勾破了。類似的情境、幾乎一樣的情緒再度出現；可以確定的是，下次一定有某個類似的情境將會發生。

　　以上只是一個簡單的例子，事實上我們生出的每一個信念，都要付出代價。我們老是覺得這些境遇不知從何而來，其實都是由我們自己所創造。二千多年前佛陀說「萬法唯心造」，說的就是在世間遇到的一切情境，都是由我們的心念所創造，就是這個意思。

遇到情境、牽動信念、產生感受、顯化情境……，我們就是無時無刻在這樣的無盡迴圈不斷循環，不斷地歷史重演。不過不必灰心，在後面的章節裡，將進一步提出終結這種循環的方法，以及如何有意識地去建構我們想要的迴圈，甚至重新打造我們的人生，就像玩線上遊戲時所說的「砍掉重練」，你想要成為什麼樣的人，過著怎樣的生活都可以。所以我談論的不是讓某些事情心想事成，而是重塑人生，就像玩一個開外掛^{（註）}的遊戲一般。

　　另外需要跟大家說明的是，在這個世界上，從解釋與感受的形成，進而顯化出情境的過程中，往往存在著快慢不一的時間差，有立即發生的情境，也有遲緩的情境發生，甚至是來自前一世的信念，或來自轉世的過渡時期所造成；也因為如此，我們才無法察覺所遭遇的情境跟我們信念之間的關聯性。

（註）：原意是利用電腦技術對線上遊戲進行一些修改，以達到有利自己的作弊程式。現為網路流行用語，意指當一個人獲得驚人成績時，由於不可思議而讓人以為是通過作弊獲得的。

舉個例子來說，某天在公司被老闆罵，但你認為自己並沒犯錯誤，因而對老闆產生了憤怒的情緒，這個事件已構成顯化出下一次發生類似遭遇的種子，導致半年後的某一天，你的太太誤解了某一件事而責備你，但你早就忘了半年前被老闆罵的事件，所以完全無法得知這二件事件的關聯性。我們總是生活在這樣的狀態裡，認為一切境遇都與自身無關，事實上任何一個信念加上情緒或情感，都逃不掉顯化的法則，一切遭遇都是自己在這個「境遇生成系統」中自動完成的。倘若這一切如同坊間流傳是由上帝或是神明所掌控，世界上眾生如此之多，神明可不是要忙壞了？

　　之前我們提到，生命只由三個部份組成：覺察、信念、現象。剛剛我們提到，我們一直從「現象」引發「信念」，「信念」又顯化「現象」，人生就在這樣的迴圈裡鬼打牆，但我們尚未提到「覺察」，沒錯，覺察才是最關鍵的環節！在日常生活裡，我們習慣將所有注意力放在現象上，從早到晚、從起床到就寢為止，每分每秒、無時無刻都在看著現象，外在的情境是外在的現象，而我們的思維想法，是內在的現象。當我們把注意力放在現象時，自然而然地會把我們存在的立

足點放在解釋上，我們見到世界的一切，以及我們內在的思維活動，無一不是解釋，也就是每一個情境我們都會解釋它，然後我們只見到、聽到解釋。

解釋只是人類編造出來的信念，並非生命原有的本質，而真正的本質是我們平常完全忽略的「覺察」。只要讓我們生命的立足點回到覺察，我們就能找到生命的源頭，我們可以將它稱為佛性、空性、神性、聖靈，也是我們之前提到的「玩家視角」。

我們藉由情境　接觸了解釋

不論是否瞭解顯化法則，人們打從出生以來，就生活在這個法則裡，每人每天都會有許多的遭遇，即使再平常不過的起床、梳洗、吃早餐、穿衣服出門、搭乘大眾運輸工具或是駕車、上班、工作、下班、回家看電視、吃飯、睡覺、做夢等等，所有的境遇沒有一件不是自己所顯化的，生活的境遇就是我們內在的鏡子。看到這裡，我們應該非常驚歎，我

們是何等精妙的創造者，我們每天所接觸的一切、每一樣事物都精細無比，細節多到不可思議，即使是一張椅子，皮革的觸感、木頭的紋路、螺絲的質感、完美無瑕的螺紋，坐上時能乘載我們龐大的身軀，一切都是如此的完美與細緻！這一切竟然都是由我們顯化出來的，多麼地令人激賞與讚歎！故此，在我們生活的世界裡，所接觸到的一切都是我們所創造、顯化的，我們有如造物主般的偉大，我們切莫再妄自菲薄了，我們的真實身份就是自己世界的上帝，就是自己世界的造物主。

佛陀說：「萬法唯心造」，而禪宗六祖惠能大師，半夜三更聆聽五祖為他解說《金剛經》時開悟後感嘆地說：「何期自性本自清淨！何期自性本不生滅！何期自性本自具足！何期自性本無動搖！何期自性能生萬法！」最後一句的意思就是：我們每個人的自性，都能創造萬法。萬法的意思就是所有現象。由此可知我們每個人遭遇的所有現象，都是我們自己所創造的，真實不虛。

既然一切都是我們自己所創造的，那就好辦了，只要我們掌握住創造的關鍵，就能隨心所欲地創造任何現象，而這個關鍵就在於自性，也就是我們的覺察。一切都是我們的覺察所創造，但是我們的自性本無動搖，它如何創造與顯化出情境呢？自性始終如如不動，單純地覺察著一切，而現象因解釋而存在；換一個說法，就是現象因解釋而動搖，而覺察包含了一切，用解釋從覺察切割出被覺察的現象，現象方得以顯現。所以一切的現象是因解釋而存在的，顯化的主要成因，來自解釋。我們只要能控制解釋，就能掌控顯化，就能主宰現象，就能主宰我們的人生！我們把秘密中的秘密說出來了！

　　《秘密》（The Secret）一書說：「要改變你的狀況，首先必須改變你的想法。」事實上真正主導顯化的，是在想法尚未形成之前就已經產生的**信念**，也就是**解釋**。當你決定了對眼前情境的信念，一切已成定局，想法只不過是「產生了信念後延續的內在話語」而已。

　　市面上也有比《秘密》更接近真相的書籍，內容闡述的是「信念 + 情緒 = 真正的能量」。這樣的說法沒錯，但是我

們要知道，我們活在世界上，每每接觸眼前的現象，就會在千分之一秒內提取記憶庫的舊有信念來比對當下的現象，一旦比對完，立即產生感受，這時候顯化就完成了；也就是當你意識到這是你不想要的信念時，顯化已經完成了。此時即使以另一個好的信念來取代不想要的信念，也為時已晚，頂多你只是又做了另一次的顯化──顯化出一次不想要的情境，也顯化出一次你要的情境，卻抵消不了原來的那個信念與顯化。

顯化的藍圖是信念　顯化的燃料是情緒
也就是你當下的存在頻率

所有可能性皆存在於當下

在這個章節中，我們將進一步討論顯化是如何完成的。對於我們的所見所聞，彷彿是有一個已經存在的現象，讓我們接觸到，然後再經由我們的信念去解讀。其實我們眼前所接觸的一切現象，都是我們自己所顯化出來的，無以數計的可能性同時存在於當下，然後我們不知不覺地以信念將其中

一個可能性明顯化，好讓我們的五官能夠感知；也可以說是我們潛意識相信這個當下會有什麼現象出現在我們眼前，我們就讓某一個可能性突顯於其他可能性之上，好讓我們的五官感知。

倘若對這樣的說法存有疑慮，我們只要以夢境的角度來思考，就更能明白這種理論的可能性。假設我們所認知的現實，其實是一個夢境，那麼夢境中的情境是如何出現的呢？夢境就是我們潛意識的顯化作用，也就是在我們使用五官接觸情境之前，在極短的時間內，從我們的記憶儲存庫抽取了信念，然後投射在我們意識的屏幕上；接著再用五種感官去讀取情境，讀取完後我們再用記憶儲存庫的信念去解讀五官讀取的情境，這個解讀的結果也早就寫在我們的記憶儲存庫裡了。所以我們一直以為人生是自由的，事實上一切劇本都寫好了，寫的並非別人，而是我們自己的記憶儲存庫，顯化出來跟播放了一部電影是一樣的。

既然劇本是從記憶儲存庫裡提取的，我們是否能對提取的內容做選擇？當然可以，只要我們的覺察速度比信念顯化的速度更快即可。有一句話叫做「不怕念起、只怕覺遲」，真正的涵義大家現在都能理解，但是信念升起的速度只有

0.018 秒，覺察要如何超越這個速度呢？只有在信念升起前，覺察已經等在那裡了，才有機會比信念快一步地做出選擇。這就是為什麼要成為超級玩家，得先登出開悟的原因了。

如何有意識地顯化

在這裡，我必須把顯化完全剖析開來讓各位知道。以一般的狀態來說，不論我們如何照顧好自己的信念，盡量讓負面的信念不要出現，而只取用正面、豐盛的信念，來讓生命都顯化出想要的情境，我們的成功率還是無法達到完全的掌控，甚至連百分之十都有困難，原因在於之前提及的，每當感官接觸現象的瞬間，幾乎不到百分之一秒的時間，就會從記憶庫比對出信念來，等我們發現時，信念已經引發感受而達成顯化了，這就是大家不論看了多少與顯化有關的書籍，或學習了多少顯化技巧，都無法達到圓滿成果的主要原因。

如何才能準確看到生活中的所有信念呢？在這裡告訴大家，如果要準確地、毫無遺漏地見到生活中每分每秒升起的所有信念，唯有登出開悟，讓我們存在的立足點從信念、現象的象限，移回到覺察的位置，才能準確地看到我們無時無

刻升起的信念，這是唯一最好的方法，也是萬無一失的方法。準確且無所遺漏的看到每一刻升起的信念後，我們就可以藉由看到信念，放下對它的解釋，只是單純的看到，用不解釋來消化信念，消化完畢後再植入一個我們想要的信念，不斷這樣做，就能重新塑造我們的人生。

　　到這裡，我們聽到必須登出開悟才能完全掌控我們的人生，控制我們生活中的所有顯化，想要學習顯化技巧的人，是不是有點失望呢？畢竟我們只是想要成為一個超級玩家，而不是想要登出回家啊！各位想想看，如果眼前是一款虛擬實境的人生遊戲，你是不是必須把你的第一人稱的立足點，移動到玩家的位置，你才能調動人物設定、數值，也才能有距離地看清楚人物每個當下發生的狀況？登出開悟是完全掌控顯化最好的方法了，真的想要完全掌控生活、成為超級玩家的人，建議各位朝著登出開悟的方向去努力。其實登出開悟並沒有任何的困難，它是我們原本就有的存在狀態，我們先將登出開悟設定為極其簡單，完全沒有障礙。

我們要以登出開悟為目標，才能真正變成一個超級玩家，六祖惠能開悟時說的：「何期自性能生萬法。」就是開悟後能成為超級玩家的最好證明。

要百分之百能夠在信念比對出來時，第一時間看到我們的信念，唯有一個狀態能夠辦到，那就是在信念比對前，你就已經等著它出現，它一出現就被你抓個正著。好比一個技巧高超的小偷潛入你家偷竊，等你聽到聲音時，他早就得手長揚而去了。抓小偷最好的方式，就是二十四小時守在他渴望的東西旁，等著他到來。

登出開悟前　如何看得到信念

在這裡有一個相當重要的觀念，就是「顯化法則」不是你想要達成某個願望時才去操作的法則，而是我們所有生活中遇到的情境，都是顯化法則所運作的，所以我們不是要學習掌握成就某個願望的能力，而是培養能掌握我們整個人生的能力。換言之，如果你生命中需要一本如何心想事成的書，只需掌握本書的要義，你已經從心想事成班徹底畢業了，因為你學的並非單次的心想事成，而是學會掌握整個人生。

那麼在登出開悟以前，是不是有方法能讓我們稍微掌握部分、甚至所有的信念呢？是的！退而求其次，我們也有方法可能看到大部份或是一部分升起的信念，只要達成這個目標，我們也可以有掌握顯化的能力。要如何辦到呢？那就是把你的立足點放在**覺察**，站在覺察來生活，成為一個**觀察者**，你將會看著自己信念的起落，看著自己思考，看著自己活動，你會像是一個玩家，看著電腦遊戲中的人物角色活動著。在登出開悟後，自然而然一整天都會站在覺察來生活；在登出開悟前，我們也可以達成大部分的時間都安住在覺察來看著生活中的一切。只要回去看有關安住或是契入覺察的章節，並練習功課即可。

　　當你能輕鬆的安住在覺察，也就是觀察者的位置俯視人生一切時，你會清楚發現人生的所有細節，你從覺察之位看著所謂的「你」在活動，當然我們現在已經知道那個所謂的你並非真正的你，那只不過是遊戲中的人物主角，而非玩家，那只是夢到的你，並非做夢的你。你從觀察者的位置看著信念升起、看著產生情緒與情感、看著人物行動，這一切的發生你看在眼裡，你是見證這一切發生的主宰。你的人生裡、

你的故事裡、你的生命裡，你是唯一的見證者，你是那個至高無上的覺察，生命中唯一的真神，除了你以外，所有都是被你所覺察之物，即使有個上帝、佛祖、阿拉，那毫無疑問，都是被你所觀察的對象；而至高的觀察者之位，始終只有你安住著，你就是你生命中唯一的真神，整個生命、生活，也都是你所顯化的。

消化信念的過程

要操控顯化法則，消化信念是一個極為重要的過程，也就是當我們感官在接觸現象的一瞬間，我們會自動提取記憶庫中的信念來比對現象，給現象一個結論後，又回存至記憶庫並顯化了下一次情境。在這個過程當中，如果我們站在觀察者的位置，也就是立足於覺察，就能夠第一時間發現我們用哪一些信念在比對眼前的現象，這時候如果發現有哪一個信念不是我要的，我只要覺察著它，使用不解釋來面對這個信念，這個信念就會立刻失去意義而消失，這樣就稱為**消化信念**。每當我們消化了信念，我們就將它在我們記憶庫中的部份能量消融掉，下次同一個信念再次被提取時，對它的相

信度、肯定度就會降低，經過幾次或一段時間後，這個信念就會完全消失。

　　我們記憶庫中所有信念都是中性的，沒有是非對錯與好壞，只有在現實顯化出結果時，是否是我們所想要的那個情境而已。在這裡舉個例子，幾乎每個人都接受過類似的信念「我們要努力工作，才能賺到錢；必須要更努力，才能賺到更多的錢。一分耕耘、一分收穫」，這些信念本身並沒有好壞，它只是輕鬆的就限制住我們獲得財富的方式，它讓我們必須很努力地工作，才獲得了相對應的金錢，甚至也談不上財富。在這個例子裡，我們其實知道是有問題的，世界上許多人獲得財富都是非常快速而簡單，你可以中彩券，可以找到一門好生意，可以意外獲得遺產，可以嫁入豪門或娶到有錢的妻子，網拍賺到了錢，一元美金買比特幣漲了四萬倍，有許許多多你想像不到獲得金錢的方式，與努力並不一定成正比的方式！當然，因為大部份的人都曾經植入過這個信念，所以我們也看到大部份的人，都是以努力的方式在獲得金錢，我們看到這些情境，也會更加深我們相信這個信念為真。我們真心相信什麼，什麼就會成為鐵則，直到我們消化掉這個信念為止。

消化掉之後是完全不會有這個信念的，在完全消化以前，每當我們對這個信念覺察而不解釋，就會軟化原來這個信念。回到剛剛的例子，我們相信「一分耕耘、一分收穫」，就會變成「相信努力可以獲得財富，但也不一定要靠努力才能獲得」，這就是軟化的結果。

顯化與振動頻率的關係

對於顯化的過程，這裡有個關鍵性的認知，我們知道了人生的所有境遇，都是生命自動生成系統所投射出來的，事實上這個系統就是我們睡眠中的造夢系統，只是睡眠中這個系統，是以亂數的方式去將記憶庫中的資料生成境遇，而我們醒著只是另一層夢境，這層夢境是以顯化法則來生成境遇。我們之前說過，顯化境遇的過程是每當我們的感官接觸了現象，就會從記憶庫中將相關的信念提取出來，然後比對現象，產生**情緒**與**情感**，得到了一個結論，然後再度顯化了下一次的境遇，並將結論回存到記憶庫裡。在這個過程中，最重要的一個環節是情緒與情感，我們人類的情緒與情感是極為精細的振動頻率，而顯化最重要的不只是信念，而是因信念產

生的情緒與情感，會顯化出怎樣的境遇，全看情緒與情感的振動頻率。我們的生命自動生成系統，會記錄你「什麼樣的信念會產生怎樣的複雜情緒與情感」，這個紀錄就成為了以後你會生成什麼樣境遇的依據。

在這裡舉個例子。怕蛇的你，在野外遇到了一條蛇，情緒上你開始產生極大的恐懼，而恐懼來源是眼前一個體積不大的目標，你產生了想逃走的想法。想逃走本身不只是一個動作，它也帶有一種想逃的情感，同時你也怕被牠咬到可能會中毒，而你對中毒的印象也會帶有一種情感、一種覺受，每一種情感、覺受、情緒都是一種頻率。在與蛇對峙的當下，你產生了複雜的情緒與情感，你的顯化就在這個當下，決定了下一次你會再次經歷與這次相同的複雜而多重的情緒與情感。至於該情境是不是遇到蛇，則是不一定的，但是顯化機制會自動生成於記憶庫中，你會經歷與這次的情緒與情感一致的情境。

情緒與情感越是強烈，就越會顯化成真實的情境；而情緒與情感較不強烈的狀態，有時也顯化成夢中的夢境。我們就在每一次遇到情境時，顯化出下一次的境遇，所以人生就

在許許多多的循環中生活著，這種迴圈就叫做「輪迴」，生生世世無盡地循環下去，沒完沒了。我們討厭的事情一再出現，我們越是痛苦的事情越是一再發生，所以人們最終都會尋找停止迴圈、離苦得樂的方法。

有一種說法，說人生是來完成我們累世以來的許多功課，這個說法說的是我們對情境的釋懷，每釋懷一個情境，就是完成一個功課，直到我們完成所有的功課，我們的人生才能畢業。但是想想，要釋懷一個情境都不容易了，何況人生有數之不盡的情境要消化，到底要消化到何年何月？到底要多少輩子才能釋懷得完？

還好我們終於走到這裡了，只要能站在覺察，並且對眼前的情境不解釋，你就能不斷地消化情境，轉識成智。如果你想成為超級玩家，也能進一步置換你所想要的信念，趨吉避凶，轉危為安。

當我們抗拒與抱怨一個情境時，我們反而不斷顯化它的發生，所有發生在我們身上的倒楣事，全部都是我們自己所顯化的。每當我認為它是一件倒楣的事，我就在抗拒它；當我抗拒情境的發生，等於自己將這個倒楣的事擋了下來，讓

它在下一次繼續發生，同時儲存在我們的記憶庫中。因為我們產生了強度十足的情緒能量，不論是厭惡、憤怒、煩躁、焦慮、恐懼，我們都顯化了讓我們得到這些情緒的情境再次出現。

我們沒有讓這個事件、這個情境的能量流過我們，沒有看著它來，並且讓它走，是我們自己花了好大的能量將它攔住。所以覺察而不解釋，就是輕鬆地看著現象來、輕鬆地看著現象走，才是從現象的循環中解脫出來的關鍵。當我們真的輕鬆看它來去，我們就會輕鬆地消化掉顯化成下次現象發生的成因。在這裡，我們談的不是臣服，臣服有一種認命的意味，臣就是指君臣的臣，我們要像是臣子一般，把現象當成君王，在君王面前，我們無能為力，所以我們服從。我們談的並不是這種臣服，我們說的是不解釋，事件從一開始發生，我們就輕鬆看著一切而不解釋，我們明白眼前的現象只是因我們的解釋而存在，只要不去解釋眼前的現象，就會根本沒事。

能做到這樣的不解釋，來自於我們的立足點站在覺察。當我們站在覺察來看世間所有發生的事，都會如同玩家坐在電競椅上玩著遊戲，我們的身份是那個玩家，而非遊戲中的

人物角色，所有人物角色發生的事情與玩家的世界毫無接觸、毫無干係，所以我們能夠輕鬆地對事件不解釋。

當我們享受與感謝一個情境時　我們也在顯化它的發生

顯化機制是完全中性的，當情緒與情感能量達到某個強度時，我們就會在現實中，顯化下一次引發與我們當下相同情緒與情感的情境。正能量的顯化機制與抗拒的負能量一樣，享受、陶醉、感謝也是一種具有強度的情緒與情感，當我們放鬆去享受某種情境，例如享受美食，享受一首古典音樂，享受眼前的美景，享受與愛人共度的時光，甚至享受午後的溫暖陽光，我們都會再次顯化這些美好的情境來到我們的生命。與抗拒形成對比的是，抗拒是緊繃的情緒能量，而享受卻是放鬆的情緒能量，顯化法則是完全中性的，不論什麼情緒能量，只要強度足夠，就能將情境顯化在我們的生命中。

既然明白了抗拒與享受同樣可以顯化生命中的情境，我們就應該好好地為自己的生活負責。請不要再抱怨老天為什麼要這樣對待你了，你認為不好的境遇為何出現在你的生活中？全都是因為你的抗拒而來，如果要讓自己的生活變成一

切都是完美、美好的，請從此刻開始，當遇到不喜歡的情境時，立刻練習面對情境而不解釋，讓情境的能量能通過你而離去。同時我們要培養欣賞世界的習慣，開始享受這個世界上由我們自己顯化出來的一切，例如街角一棵形體優美的大樹，寒冬中溫暖的陽光，空氣中瀰漫的花香，街道上討人喜歡的小貓，甚至午餐便當中酥脆的雞腿。當我們開始試著去享受它們，並感謝自己顯化出這麼多美好的事物時，我們就會大量地在生命中顯化更多美好的事物到來。

我們只在每個當下　按照我們所認為的現實在顯化現象

在此時此刻的當下，我是怎樣看待自己的一切？怎樣看待我與身邊每一個人的關係中的一切？怎樣看待這個世界的所有現象？這所有的信念，成為我們當下的定位，就像是 GPS 衛星定位一樣，設定出我們在這個世界準確的位置，這個位置不只是時空的位置，同時也是「我」的定位，我是一個什麼樣的人？而這個人又在宇宙中的相對關係為何？這些所有的設定，都是我們過去所有吸收的信念以及經歷的總和，藉由這些設定，我們可以推論過去／未來將會發生的所有情

境，所有的人生故事都可以推論出來。為什麼命相學可以精準地推論出未來將會發生的事情呢？因為我們來到這個世界以前，承受了過去世的顯化力量影響，顯化了這一世你的基礎個性、你會遇到怎樣的父母、你七歲以前的人生軌跡等等，然後我們根據這些特質，自然而然地發展我們的人格與遭遇。一切看起來都沒有任何依據，但事實上發展幾乎都照著某種既定的軌跡在演化，所以命相學才能推論出你的人生軌跡。而我們小時候發展的人格，幾乎決定了我們長大後的一切信念與反應，例如小時候每當我遇到 A 現象時，一定會有 A 反應，所以我的 A 反應，又產生了 A 情緒與 A 情感，這時候我就又顯化了未來發生的 A 事件，造成 A 事件一再重演。如果沒有其他因緣的干擾，這個 A 循環會重演到長大、重演到老，所以對於一般大眾而言，人生的軌跡幾乎是一個定數。

但是當你閱讀了這本書，並且生起某種決心，要登出開悟並朝向回家之路，又或是立志成為超級玩家，你的生活就會有巨大的改變，有時甚至會發現改變竟然來得如此快速。當你下定了決心，所有的情境會推著你走，出現的人事物都會將你推向新的軌跡。我們不必驚慌，只需要順其自然地迎

向新的軌跡，一切都是完美而喜悅的，即使有時候出現了感覺並非很愉悅的情境，我們可以將其視為是為了跳得更高而蹲下的一個過程。在新軌跡發生時，最重要的就是保持輕鬆、放鬆、覺察地來面對，同時不要試著去操控生活中的一切，因為往往我們的操控習慣，是根據舊有的信念來運作的，我們只要將操控的舵，放心地交給宇宙就好，讓宇宙為你導航。

∞

成為超級玩家之路

改變過去與未來的人生軌跡

剛剛我說過，當下怎麼看待自己的一切，怎樣看待我與身邊每一個人的關係中的一切，怎樣看待這個世界的所有現象，決定了過去／未來的生命軌跡，但是現在這個當下又是過去的軌跡所演化而來的，所以我們只要順著人生軌跡發展，必然是一條固定的路，這樣的軌跡我們稱為**平行宇宙**。

事實上每一個當下，每一個點，都存在著無限的可能性，如果我們改變了當下立足點的位置，也就是改變了怎樣看待自己的一切，改變了怎樣看待我與身邊每一個人的關係中的一切，改變了怎樣看待這個世界的所有現象的其中一些信念，我們接下來的人生軌跡將大有不同，同時我們也完全改變了過去的人生軌跡。某些過去認為重要的事，可能會變得微不

足道；某些過去認為無關緊要的事情，現在卻重視了起來。這就是改命。

假如我因為對當下的信念而站在 A 點，而過去與未來因為這個 A 點而形成 A 軌跡，但是現在我改變了對當下的信念而變成 B 點，那麼過去與未來也同樣變成了 B 軌跡。只要改動當下的信念，過去與未來的整個軌跡都會完全不同，所以命運並非完全無法更改，它的變動端看你是否能在每個當下去改動你的信念。

許許多多的信念，深藏在我們的記憶庫當中，必須等到現象出現的同時，我們才能看清楚是用什麼信念來面對現象，但如果沒立足於覺察，在信念出現的時刻，往往也沒辦法看清楚我們的信念，總是要等到情緒出現後才知道我們在抗拒這個現象，例如生氣、沮喪、焦慮、恐懼等，這時候雖然已經錯過了消化信念的黃金點，但是我們可以藉著回想來消除這個信念。

損法

　　老闆罵我做事粗心大意，我因此而憤怒，在事情發生一段時間後，我才覺察到我在抗拒這個現象，這時候請立刻想像剛剛老闆罵我的樣子，然後面對想像的情境覺察著而不解釋；如果仍然會有情緒出現，請繼續回想，再次不解釋，直到對回想的情境毫無感覺為止。

　　如果你無法站在覺察，不解釋地面對回想的情境，那麼請唸以下的文字：「我以**宇宙一切萬有**（每個人自己信仰中最接近宇宙整體的真神）之名宣告，剛剛的這個劇情，該學習的我已經學習完畢，請結束發生的循環，以此成就！」當你這樣唸的同時，你會感覺到輕鬆，如果還有一些情緒存在，請將情境再想像一次，並重複唸上面的文字，直到感覺完全釋懷為止。

為什麼要說每個人自己信仰中最接近宇宙整體的真神名字？因為祂代表你所存在的整個宇宙。我們會有一種信念，認為我們是宇宙中一個渺小的個體，我們是無力改變宇宙中所發生的現象，當我以代表宇宙整體的對象來宣告，我就能改變生活中的任何現象，因為這個改變是由整體的力量來宣告的，我信任祂！這個回想的方法，並不限於剛發生過的事件，任何情境都可以回想，只要你觀想得真實，情緒與感覺就會出現，你就有機會一次或多次消融掉某個多年來不斷發生的循環。

　　這裡要讓各位明白的是，當一個信念顯化成一個情境，在情境發生之前，這個情境都是有變數的，也就是說我們可以用另一個信念來改變原來這個信念，而讓情境出現不同的結果。這可以用來改變負面情境，在佛學中有所謂「定業不可轉」，有信念顯化就會有情境出現，這是不可避免的，但是情境出現不一定就是原來的情境，如果中間有其他的信念改變了情境的發生點，情境就會與原來該發生的不一樣，就像一顆球丟到天空中，我們用另一顆球去擊中原來的那顆，那麼球最初始的落點就會被改變。

各位要練習當念頭出現時，如果不是自己想要的念頭，就立刻不解釋，讓它自然生起又落下，不要跟隨念頭繼續想下去，因為這是陳年的習慣，我們一定要練習不跟隨念頭，這是超級玩家的必備技能。但是如果信念已經過了，情緒與情感也出現了，我們來不及即時對它不解釋的時候，那麼我們可以選擇**損法**，把念頭再次調出來，然後唸**損的宣告**讓它失效，這樣就是直接改變情境發生的有效方法。

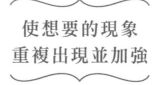

使想要的現象
重複出現並加強

益法

在生活中如果遇到值得欣喜、並希望重複出現的事，我們要使用**感謝**。感謝是一個非常強而有力的宣告，我們大多數人對於祈禱的方式都有誤謬，例如希望擁有一輛車，我們不能祈禱「神啊！請賜給我一輛車」，這是跟宇宙宣告「我沒有這輛車」，因為沒有才會跟別人要。宇宙並不會聽表面的語言，而是聽這句話的內在意義，所以我們只要祈求宇宙

給我們什麼，就是代表我們缺什麼，這點相當的重要，我們務必要非常清楚。但是使用感謝時，感謝一個沒有發生的情境，我們的潛意識又會知道那是空的，所以要感謝有發生的，如果沒有發生就製造它的發生。例如想要一輛車，我們不能感謝神賜給我一輛車，但是能夠到汽車展售中心去看車，當我們看完車，並且對車子感覺很滿意的瞬間，我們立刻宣告：「神啊！非常感謝祢，讓我感受到這輛令我非常享受的車子，感恩！」這樣就是一個非常有效的**益法**。另外，我們每一次購買了什麼或是去餐廳吃飯，我們都可以感恩，我們不要將焦點放在花出去的錢，而要將焦點放在我們得到的東西、食物、服務等，感恩這些讓我們獲得的情境，這樣就會越來越豐盛。

每一個顯化的情境　都是一個能量場

　　我們瞭解了不論是抗拒或是享受信念，我們都是將情境重複顯化出來的關鍵，而每一個被顯化出來的情境，都需要在宇宙無限可能性中，將中性的能量堆疊成一個能覺察的場域，以便我們能用感官接觸，並觀察到無限可能性中的其中一個可能性。

　　在這裡要先提到另一個觀念，我們所認知的整個宇宙，並非在我們之外，整個所謂的宇宙，只是我們內在的部份。之前我們提到，我們現在正處在一個夢境之中，夢中的一切都是存在於我們的意識之內，所以夢中就是一個無限可能性的場，正如我們夢到什麼都是有可能的。至於夢境是如何聚集的？同樣的是我們內在信念的產物，我們使用了意識的能量，將某一個可能性（信念）聚集成為一個可被辨識、可被感官接觸的場域。我們如果要消除一個重複發生的情境，理論上就是將這個場域所聚集的能量取回到自己的意識中，雖然整個夢境其實都是自己，所以能量怎麼取回其實都在自己之內，話雖如此，我們顯化出情境時，還是會將能量聚集於一個地方而形成場域。所以取回的意思，就是讓聚集的能量

散回意識的虛空裡。其方法可以使用「不解釋」，因為解釋就是我們將能量聚集、變現成為一個我們所能認知的現象之過程，不解釋就是將能量還原的一個最好方法。如果我們做不到這個方法，就用之前提過的損法，每損一分，就將能量還原一分，一直損到對該現象毫無感覺為止。

信念、想法、語言及行為

想法是信念的內在延伸，而語言與行為是信念的外在延伸，有時候信念會同時延伸了想法、語言，甚至行為。信念有如鋼筋水泥與鋼架，想法、語言、行為則是樓板、鈣板、磁磚等等，它們會把信念具體化，使其在這個世界上更能夠被感受到；它們也更能讓情緒與情感生起，讓整個顯化更加完整。同時想法、語言、行為各自具有自己的能量，當我們要消融一個顯化時，也可以利用反向的想法、語言及行為來抵消原來的信念；同理，當我們要將一個信念顯化為情境，並加速情境的發生時，我們也可以利用想法、語言及行為來輔助顯化的發生。在這一過程中，感受是最重要的元素，感受就是信念的振動頻率，顯化完全倚賴振動頻率來做為標準，

振動頻率是高頻的，就會顯化出一個正面的情境；而振動頻率是低頻的，就會顯化出負面的情境。信念只是用來引發感受的前導環節而已，情緒、感情、感受這些才是構成顯化結果的關鍵。所以有時候，我們在當下不知道自己有什麼信念，只要觀察我們當下的情緒、感情、感受，就不難得知我們的信念是什麼；而信念、想法、語言及行為，同樣也是用來產生情緒、感情、感受。

我是自己生命中唯一的真神

關於神，不同的宗教有著不同的論述，在這裡，請先放下所有宗教的包袱，撇開一切對於神的信仰以及信念來閱讀以下的文字，如此才能清楚地看到文字傳遞出來的訊息。

不論我們信奉何種宗教，首先我們要放下「世界是神所創造」這個概念。一位超級玩家，之所以能夠成為超級玩家的最主要原因，就是他明白且確信，生命中的一切境遇都是我們自己用信念顯化出來的。要改變境遇，改變人物屬性，也就是改變我是誰，都只是更動我們內在的信念而已，當我們真切地這樣認為，我們就會完全的實現。在我們的生命裡，

我們才是那個唯一的真神，沒有任何神能凌駕於你自己的權能之上。我們自己的覺察，是真正的自己，不動時，我是圓滿俱足的整體；動時，基於覺察延伸出信念，我就開始創造世界，我們就是自己世界的造物主。這是一個事實，也是一個顯化中不可或缺的有效信念，只要擁有這個信念，就能強化我們顯化想要情境的能力，也會強化我們消融不要信念的能力。

在超級玩家的信仰裡
自己就是唯一的真神，也是全宇宙唯一的依靠

∞
顯化會創造現象及運作系統

　　這個章節相當重要，請大家仔細地看，因為這關係到我們是以怎樣的系統運作自己的生命。我們不僅顯化出情境，也顯化出生命的運作系統，這些大大小小的生命運作系統，形成我們一生的運作機制。

　　當我們完全相信一套運作系統時，在我們的生命中，就會賦予這套系統確實存在且有用的效果。簡單舉個例子，假設我們相信有天堂地獄，死後會有審判我們的判官，以我們一生的作為與想法做為評判的標準，最後得出一個善多於惡或是惡多於善的結論，判定我們能夠上天堂或下地獄，又或是留在人間重新投胎。如果我們確信這套系統，那麼我們就會為自己顯化出死後立刻來到一個審判的地方，然後有一個審判官來審判我們，並根據我們活著時所產生的功過，給予

死後的去向。我們會真實經歷這些過程，原因只在「我相信世界上有這樣的死後系統」，而並非「原本就有這個系統」，那些不相信這套系統的人，並不會經歷這樣的系統。這裡說的都是以百分之百相信或不相信來舉例，至於那些並非完全相信的人，則可能經歷部份的系統。

這個例子或許太大了，我來舉一些較小的例子，讓各位更瞭解我們是如何顯化自己生命中的運作系統。我們從小就接受「一分耕耘、一分收穫」、「過日子要細水長流，努力也要一步一腳印」、「財不入急門」等諸多觀念，這些觀念就是一套完整的系統，徹底封鎖我們對於財富的創造力。許多觀念都是用來限制社會大眾所設計的，為的往往是讓富者恆富、貧者恆貧，讓那些知道如何顯化財富的人，始終獨佔社會的高位；而一般大眾，總處於努力辛勤工作，卻始終無法獲得較多財富之困境。有關於財富的系統，相信大家可以找到一大堆屬於自己的、從小就被制約的系統。

很多人共同相信的系統，會形成一個**集體意識場**，這種集體意識場顯現出來場景的規模與力量也較大。當你只要稍微相信某個系統，就有可能吸引這個場域，而加入這個集體意識場。唯一離開的方式，就是你不再相信這個系統了。這

個相信與不相信是根據你的信念儲存庫而來，所以你必須仔細地檢視內心，觀察你真正的信念是什麼，而不是單純使用頭腦去做表面的判斷。

那麼到底要如何知道我們潛意識是否真的相信呢？感覺是一個最佳指標，例如我相信我將會獲得一輛夢寐以求的跑車，那麼要如何檢視我是否真的相信？我們只要想像，父親或是老闆明天將用你的名字買下這部車，並將鑰匙交到你手中，那麼今天你知道了這件事，會有什麼感覺？你的心情會如何？我相信你一定雀躍不已，心情一定興奮極了。如果並沒有這樣的心情，就代表你的潛意識並未相信這件事。

如何消除不想要的運作系統

談論到消除不想要的運作系統，最重要的並非消除，反而是知道自己在什麼系統下運作，只要知道我們在什麼系統下運作，就有方法消除它。但是我們整個人生都是由許許多多系統組成，我們要有足夠的覺察力，才能知道每一個正在運作的系統，例如「要怎麼收穫，先怎麼栽」、「一分耕耘、一分收穫」、「紅顏薄命」、「命由天定」、「人善被人欺」

等這些都是運作系統，我們也可以去審視生命中許多自己不希望出現的現象，是受到那些系統運作而導致的？

改變系統運作，你也可以把它當成改變系統設定，那麼在操作上要如何進行呢？首先我們要使用宣告的方式，例如：「我以宇宙一切萬有之名宣告，人善被人欺的這個系統設定，已不符合我現在的生命軌跡，在此宣告將它完全消除，以此成就！」為什麼要說以宇宙一切萬有之名，因為在我們生命中，我們還無法認為自己是整個生命的全部，或是自己是自己生命中唯一的真神，那麼我們就以一個我們認為足以代替整個宇宙者的名義宣告，這樣就代表以整體的名義做出宣告，而非個體宣告，這樣在故事內才有完全的力量。當然你不一定要使用「宇宙一切萬有」，你可以用耶穌基督、上帝、佛陀、濕婆等任何你認為足以代表整體的對象。宣告完畢之後，要加上一句「以此成就」，代表完成宣告並且成功執行，這樣就是一個完整的宣告。你可以每天宣告一次，直到你覺得「人善被人欺」並非一個有效的設定為止。

煩人的室友

　　我們的腦中住著一個煩人的室友，它整天不斷在我們頭腦裡碎碎唸，從早唸到晚，永不停歇。各位有沒有想過，想事情是否需要耗費能量？我告訴各位，想事情需要耗費巨大的能量，所以我們這位煩人的室友正是身體能量的最佳消耗者，我們每天一半以上的能量消耗都拜它所賜。另外一個重點是，我們一生真正重要的事情其實並不多，除了吃飯、睡覺之外，許多的事情都是不一定需要進行的，但是我們這位煩人的室友最愛指揮我們東忙西忙、東奔西跑，更重要的是它會牽引信念的升起，當它引動信念升起，並且產生感受，就會顯化成為情境了，許多我們不想要或不需要的情境，都是想法引動信念與感受所創造的。例如一個月前跟太太吵架，這件事情已經過去很久了，但是我們的念頭並沒有放過我們，它忽然想到這件事，想著想著就變成「為什麼她要這麼對我，明明我沒有錯，竟然不分青紅皂白就指責我，真是氣死我了」。想到這裡，引動了憤怒的情緒，顯化起了作用，立刻顯化了下一次與人爭吵的情境。這明明是多餘的顯化，我們卻因為這個愛碎碎唸的傢伙，而延伸了我們並不想要的人生

故事情節。

　　另一種是我們好不容易生起一個正面的信念，例如「我感覺我會中這次的樂透彩」，產生了正面的念頭，「哇！感覺真好，我第一次感覺自己會中頭彩耶」，但是這時候腦袋響起「想一想不可能的啦！怎麼可能會中，我又不是那種幸運的人，連尾牙都沒抽過什麼大獎，還想中樂透，我看我是頭昏了」，類似這樣兩極化的對話，是不是非常熟悉？我們總是生起一個正面的信念，就會出現負面的念頭來引動負面的信念，造成顯化的失敗。所謂顯化的失敗，並非最初的信念沒有顯化出結果，而是結果不同了，例如我們沒有中樂透的情境，本身也是一個情境，幾乎大部份的人都有這樣的傾向。所以生命中只要管好我們的念頭，就成功了九成。

我們的想法與情緒　大部份都不是自己的

　　我們每天都有好多好多的想法從腦袋冒出來，我們也總以為這些想法全都來自於自己的思維，但是各位有沒有這種經驗，到了人煙稀少的郊外，我們的心就特別寧靜，情緒也變少了，我們把這神奇的狀態，歸功於遠離塵囂的景致氛圍。

其實在喧囂的城市中，眾人紛飛的念頭就像電波一樣，飄散在虛空中，它們就像無形的垃圾，讓整個虛空變得混濁紛亂。身處於這樣的環境裡，我們每天不知道要吸取多少混亂的思維與情緒，除非我們的振動頻率比這些混亂思緒要高出許多，否則很難不被這些垃圾所影響。妄念紛飛就算了，最要命的是無形中把許多不是我們的負面念頭，讓它在腦中出現，並且帶有情緒。我們無意識地顯化了負面的情境，這些負面念頭原本就不屬於我們，然而卻為我們增添了負面的情境來到生命中。為什麼會如此呢？我們怎麼會顯化了這種情形發生在自己身上呢？追根究底，我們也是這些垃圾製造者之一，在一個負面集體意識場中，彼此互丟垃圾，彼此層層疊加，落入更多負面的循環。

思維跟信念不同，信念是對一個情境的解釋，而思維是腦中不斷說話的聲音。我們除了覺察我們的信念外，也要隨時覺察到我們的思維，並且養成一個習慣，不論腦袋說什麼，我們都不理它，養成不理會腦袋不停碎碎唸的話語。先看看它說什麼，如果說的話，只會讓我們製造出負面的信念與情緒時，我們就覺察著它，不理它，不加以解釋，不延伸它，

讓它在最短的句子就結束。只要我們不去附和、延伸，它們就會失去作用，即使我們吸收到來自虛空中其他人的思緒，也不會影響我們的生命故事。由此可知，覺察在我們生活中扮演多麼重要的地位！人類的生活中，往往一念不察而釀成大錯的事件比比皆是，我們會發現許多殺人犯，在殺人之前，忽然被念頭牽著走，一不覺察，就不知後來發生了什麼事情，等到意會過來，才發現闖下大禍。不僅是殺人犯，自殺者也是一樣。所以，我們千萬不要輕忽了腦袋中的話語，字字句句都要覺察清楚，這樣對於掌控我們的生活才更能把握。

讓情境由負轉正的黃金密技

　　相信每個人碰到負面情境時，很難不產生負面的信念與情緒，但是我們內在到底潛藏著多少未發生而將要發生的負面情境？相信沒有人思考過這個問題，也沒有人能夠估量數量，沒人能預料哪一天會踩到狗屎，沒人可以預料何時股票會大跌，沒人知道哪一天老闆會把你辭退，這一切負面的情境，都是以潛藏的方式躲在我們的生活背後，隨時準備跳出來讓我們措手不及。之前說過，當負面情境出現時，可以使

用不解釋去消化它，也可以使用損法來消融它，現在就告訴各位一個不僅可以立刻中止負面情境循環的方法，更可將它轉變為正面的信念。

難道潛藏著且尚未發生的負面情境數量，是沒完沒了、永無止境的嗎？當然不是，只是每當負面情境出現時，我們又投射了負面的信念，才會將它無盡地循環下去，所以只要當負面情境出現時，我們不投射負面的信念，就能減少負面情境的發生。基於這個認知，我們就能使用一個非常簡單的方法來消除負面情境。

每當負面情境出現時，我們立刻告訴自己：「真是太好了。我又消耗掉一個負面情境的額度了！」當你這麼做時，原本的負面情境就被消化掉了，事實上也真的消耗掉了一個負面情境的額度；正因為你用了正面的信念來面對，不僅消耗掉一個負面情境的額度，同時還增加了一個正面信念的額度，這真是個一舉兩得的好方法！請你從此把這句話，當成一句比任何咒語都要神聖、比任何咒語都要有效的黃金聖咒。當你這樣做，就會快速地消耗負面情境額度，而不斷創造正面情境的額度。

現象只是信念的一面鏡子

我們內在有什麼信念，從生活故事就能看得一清二楚，每天所發生的一切情境，無一不是我們信念的顯化。如果你的生活枯燥無味，那麼就代表你有枯燥無味的信念；如果你的生活多姿多采，那麼就代表你有著多姿多采的信念；你最近買了一輛新車，你的內在信念必然有著「擁有一輛車讓我感覺非常滿足」的信念，而且有滿足的情緒與感受；每當你因某個情境生氣後，很快的，就會有一件讓你生氣的事情發生在你的生活中，這些狀況屢試不爽。如果你對現實有任何的不滿，不妨試著改變看待世界的信念與態度，這也是個改變生活的好方法。記得，我們無論見到什麼現象，都是忠實反映我們內在的信念，就像一部投影機，將什麼信號輸入投影機，就會將什麼畫面投影在螢幕上──現實就是我們的螢幕，我們的心就是投影機，而信念就是輸入的訊號。

投影有時候快有時候慢，重點是我們盡量安住在覺察，以觀察者的角度，看著自己升起的信念，並且比對我們遭遇的情境，你很快就能抓到自己顯化的節奏，你將會更快速有效地掌握信念與顯化的關係，這需要不斷的練習與觀察。

信念系統中的鐘擺效應

　　大家都有坐過海盜船，它的整個船身就是一個大鐘擺，當擺盪到一邊的最高點，就會有地心引力將船身擺盪到另一邊。如果你有靈擺，或用一根繩子綁一個重物，固定繩子最上端並施以外力使其擺動，當它盪到左邊極限時，就會自動往右邊盪，只要長度不變，左右擺動的時間就會相等。這就是**鐘擺效應**。

　　鐘擺效應反映出「物極必反」、「否極泰來」等效應，這個效應對於顯化來說，是當你在使用信念顯化時，碰觸了某個極限。我們看太極陰陽魚就可以明白，陽極陰生、陰極陽生，當顯化達到了極限，就會擺盪到另一邊，所以許多樂透中獎者，往往會遇到負面的事件，這就是因為正面事件碰到了極限所致。我們要如何避免這種鐘擺效應出現呢？在顯化上，最理想的操作是循序漸進的改變，如果我們要改善我們的生活，就要不斷改變我們的信念，逐漸朝向美好的信念

以及感受。漸進式的改變是最安全與舒適的，同時不斷累積美好的感受，短時間內太大的改變，反而會有所震盪。

鐘擺效應是個躍進的契機

　　鐘擺效應因為有擺盪到負面那一邊，我們或許會覺得是個不好的效應，但這只是天地運行的自然之道，並無好壞可言。可是大家都想要否極泰來，沒有人想要樂極生悲，我們內心總是嚮往著舒適的、有利的一面，鐘擺效應正也代表著我們的貪取，對於那些對我們有利的事物，總希望越多越好，等到產生了鐘擺效應，我們又責怪生命的無常，如果我們不要求那麼多好的一面，也不會有鐘擺效應的產生。當然本篇的內容，並非責怪我們太過於貪心，而是要提出鐘擺效應的解決之道。不知各位是否買過股票，當股票一直漲，到了某個點，可能就會回檔；回檔時，若有某個支撐點，那麼它又會再漲上去，甚至超越之前的高點。現在我們就是要談論，當鐘擺效應出現時，如何製造出支撐點？如何能即時反轉到另一邊？

凡是鐘擺，一定有個軸心。一根擺盪的鐘擺，不論如何擺盪，軸心總是沒有移動，沒有移動是因為我們正覺察著某個事件的擺盪，那個不動的覺察就是軸心。如果我們夠敏銳，可以覺察到某個事件的發生，已經觸及了我們的極限，例如忽然繼承了數目龐大的遺產，龐大到讓自己覺得是個天文數字，這時候的獲得，就勢必會產生鐘擺效應。此時不論是否已經開始擺盪而出現些許的負面事件，我們要知道這已經構成擺盪的條件，我們就可以採取**調整軸心**的措施。首先要清楚覺察到，對於整個事件我們的極限在哪裡？假使意外繼承了五億的鉅額遺產，以自己當時的認知來說過於龐大，但如果只繼承一億，內心覺得很豐厚卻不至於愕然，一億就是當時的極限。當瞭解了自己的極限後，就要開始移動軸心，移動的原理首先是要讓我們能接受較高的數目，我們利用宣告詞來進行，由於繼承的五億已超過我們的極限，那麼我們就要將範圍加大，例如：「我以宇宙一切萬有之名宣告，我完全接受繼承十億遺產是極為平常的事情，十億也只是一個小數目，從今以後我是這樣認為的，以此成就！」同樣的，以心目中可以代表整體的存在之名宣告。宣告完後，靜下來感

受一下十億這個數目，是否已經覺得十億是一個很平常的數目？如果沒有，我們就繼續宣告，每一次宣告完都靜下來感受，直到真的感受到我們對金錢的界線已經改變，十億這個數目已經變得平常為止。

另一個方式較為簡單，我們直接將「十億遺產」這幾個字印在腦海裡，用不解釋直接覺察著它們，直接去消化對它們的解釋。等過一段時間再來覺察，一直到對它們完全沒有解釋為止。不論使用哪一個方法，我們都要在幾天後再覺察著這件事情，看看自己會升起怎樣的信念。當成功將軸心調整到十億後，我們開始做出一個觀想，想像著這件事情出現一個鐘擺，而鐘擺的中心刻度寫著十億，左邊有著鐘擺的極限寫著二十億，每天早晚各做一次觀想，連續做七天為止，這樣我們就成功地將軸心調整到十億，也成功地將極限調整到二十億；而擺盪的另一邊，將會是五億元，而非負面的，因為我們已經調整了軸心。我們不用擔心這個鐘擺會擺盪，因為極限已經調整到二十億了，事實上我們才獲得五億，剛好在鐘擺右邊的最低點。

Step 01	Step 02	Step 03
當現象碰觸極限	調整軸心擴大極限	鐘擺觀想練習

⏻ 登出鍵

最強而有力的顯化工具——觀想

對於我們現在身處的現實來說，完全就是個夢境，也全然存在於我們的意識中，當我們說宇宙時，說的其實是顯現在我們夢境中的世界。既然一切只是意識的顯化，那麼所謂的現實與觀想出來的情境，主要都是用來提供我們感覺而已，所以對於顯化來說，感覺才是最後的關鍵，因為感覺就是振動頻率，而振動頻率就會顯化出下一個情境的出現。所以當我們觀想出場景與故事情節來讓我們產生感受，感受就能真實地顯化出下一次可以提供與這次一樣感受的情境。

《聖經》馬太福音裡有一段話：「凡有的，還要加給他，叫他有餘；凡沒有的，連他所有的也要奪去。」所以我們想要獲得什麼，我們不能說「請求祢賜給我什麼什麼」，因為這代表著你沒有。宇宙是中性的，當你發出的能量、訊號是「我沒有」，你將會一直得到「沒有」，所以我們想要得到某些東西時，必須先有；而有或沒有，宇宙也不是用物質的角度來看的，而是根據你的振動頻率。振動頻率就是感受、情緒、情感等，當你的振動頻率是 A，宇宙就會顯化出一些會讓你產生 A 感受的現象，好讓你產生 A 感受。

之前提過，感謝是一個祈禱的好方式，而另一個更強而有力的工具就是觀想。對於宇宙或是我們的意識而言，顯化的根據是振動頻率，振動頻率才是真實的，至於是實際碰到情境而產生振動頻率，或是閉著眼睛觀想一段情境而產生振動頻率，對於宇宙來說（也就是意識），這兩者都是真實的，也完全能顯化下一次真實的情境，只是我們要多多培養觀想力。對於觀想力的培養，最重要的是要時常安住在覺察上，當我們安住在覺察上去觀想時，瞬間就能觀想出擁有非常多細節的場景，否則我們的觀想能力將會不足。舉個例子，如果我們要觀想出一個朋友出現在我們腦中的螢幕上，我們往往觀想了頭，就少了身體少了手；觀想了手，剛剛觀想出來的頭又不見了。觀想力不足的情況下，我們連一個人都觀想不出來，要如何觀想出複雜的場景，讓我們能因為這些情境產生真實的感受、情緒、情感呢？

　　那要如何培養觀想力呢？首先讓自己安住在覺察上來進行觀想，第二個重點就是時常觀想，保持每天都進行觀想的習慣。我們可以利用睡覺前，躺在床上進行一次觀想後再入眠，這樣的好處是，我們觀想的情境有時會在夢裡出現。我們把我們想要的情節，仔仔細細地觀想，細節越多越好。剛

開始我們會因為觀想力不足，也可以說是我們的覺察力不足，細節無法以完整面貌呈現，但隨著每次的觀想都安住在覺察，我們的觀想力會逐漸提升，我們就能夠在彈指之間觀想出一座城市來，城市所有建築物的細節都極為豐富，而且解析度極高。這樣的觀想力不僅是頻繁練習的成果，更是安住在覺察來觀想的成果。

觀想力的好壞影響到我們大腦辨識真假的機制，越生動、解析度越高、越複雜的場景，我們能生起的感受越多；感受越多，顯化將會更快更多且更大。但觀想的前提是，不要去觸動鐘擺效應，初期只要觀想我們認為理所當然的情節就好，隨著觀想次數的累積，我們可以擴大理所當然的範圍，一步一步慢慢來，不要過於心急。

另外要注意的是，雖然我們使用觀想的方式來主動製造情境，但是只要這個情境想要產生的信念，與我們記憶儲藏庫中的信念有所不同，在觀想出情境的第一時間，仍有可能升起不是我們想要的信念。要如何準確知道所產生的信念是否符合觀想的情境呢？情緒就是一個準確的指標。舉個例子，當我觀想買了樂透彩券，並且觀想回到家中做了好吃的晚餐，享用晚餐後，看了一部我喜愛的連續劇；開獎的時候到了，我拿出彩券出來對獎，一切情境我都觀想得細緻而真實，我將手中的號碼與電視開獎的號碼逐一比對，結果所有號碼與滾出的彩球完全一樣，哇！我中了樂透彩的頭獎了，一切情境都非常真實而合理。我興高采烈地親吻著彩券，到了這裡彷彿一切都沒有問題，然而奇怪的是，我立刻注意到我的情緒，淡然而平常，一點都沒有中了頭彩的喜悅與興奮，難到是我觀想得不夠好？不夠真實？我做白日夢的能力很強，我是一個很喜歡做白日夢的人，我的觀想細節入微，情境生動真實，應該完全沒問題啊，為什麼情緒就是沒有中獎的雀躍感呢？我也知道情緒才是推動顯化的主要燃料啊！

上面這個例子，相信使用過觀想的朋友一定心有戚戚焉，許多的觀想過程都真實而無誤，到底哪個環節出錯了？在這

裡告訴各位，原因只在你沒有覺察到許多細微的信念，沒有將一些阻礙你觀想成功的信念消化掉，當那些信念有如鐵則一般的藏在我們內心深處，又或者我們無法在它極短時間出現的時候，抓到它並且消化它，然後用另一個信念取代它時，我們的觀想就永遠失效，以下請聽我分析。

我們在開始觀想彩券中獎之前，一定會先想到：「我要來觀想一段買彩券中獎的情境。」這時候你的內在浮現出來的信念，無論是多麼快速，又多麼一閃而逝，一定要穩穩抓到它。出現的信念很可能是：「唉！我哪裡是這麼幸運的人？從小到大別說是彩券了，連個年終尾牙都沒有抽到過什麼大獎！我不是會中彩券的幸運兒。」各位聽到這裡，明白怎麼一回事了嗎？這些細微的信念，在我們生活中不知有多少，它們成為了這個虛擬人生遊戲裡人物主角的設定值，如果沒有看到它們，不管觀想多少次都不會成功，這裡不是說一些讓人洩氣的話，而是為各位指出問題的關鍵。

所以我們明白了，一切都是信念主導著我們的感受，如果沒有登出開悟，很難在第一時間抓住這些阻擋我們的信念，唯一的方法，只能把這些信念挖出來。每當我們觀想結束時，

就靜下來問自己，是什麼信念與我的觀想情境背道而馳？問完後，就停下來等待答案的浮現。一次沒有答案，下次觀想結束再問，直到有些答案出現為止。當有答案時，我們立刻使用**損**的方式去消融這些答案：「我以宇宙一切萬有之名宣告，剛剛這個阻礙成功的信念，該學習的我已經學習完畢，請結束發生的循環，以此成就！」每次念完時，去感覺你的信念是否已經消融，當信念被消融後，你會自然而然感到無比輕鬆。當把阻礙觀想成功的信念消除後，我們再回去進行之前的觀想，這時候的觀想，一定會把感受、情感、情緒帶出來，如果還是沒有，肯定還有阻礙觀想的信念存在，我們就重複之前的步驟，直到把它們全部挖出來，全部消融為止。過程中千萬不要嫌麻煩，因為除了已經登出開悟，否則消融信念的工作就需要一步一步地進行，當成果顯現時，對你人生的影響是十分巨大的。在這裡還是希望有心成為人生超級玩家的朋友們，如果能先登出開悟，還是先致力於登出開悟，畢竟有沒有登出開悟，對於顯化來說，會有天差地別的不同。

　　當聽到「觀想」這個詞，我們升起的信念往往是「想像」、「幻想」、「白日夢」，這樣的信念不足以讓觀想變成顯化

最有效的工具，我們應該有一個觀念，既然對於宇宙而言，感受（震動頻率）才是重點，而非情境，情境只是用來引發感受的工具，所以不管是現實的情境，又或是觀想出來的情境，宇宙都一視同仁，重點只在於是否引發出感受而已。以這樣的角度來看待觀想，它完全是真實不虛的情境，也就是生活本身，所以我們應該將觀想視為我們的「內在生活」，當我們以內在生活來看待觀想這件事，觀想就成為了真實的情境，不再是一種想像、幻想或是白日夢，而是真實的生活，這樣的觀想就具有無比的威力，完全可以顯化出現實的情境。

　　觀想的另外一個作用，是可以消除我們內在對未知的恐懼。即使是一個美好的未知狀況，我們內在仍然會有許多反向的負面信念。舉個例子，假使我們希望變成擁有巨額財富的人，我們的內在就會產生一些恐懼的信念，像是有錢是不是需要管理企業或處理稅務問題？有錢之後家人的安全是否成為隱憂？我是否會變成一個令人厭惡的守財奴？這些恐懼的信念，自然阻擋了財富的顯化，所以我們利用觀想自己成為了有錢人，就能把有錢變成已經發生過的事情，事先預習了有錢的感受後，就會自然地發現，原來有錢並不會出現那些令人恐懼的事物，有錢這件事不再是一件未知的事物，內

在就不會恐懼，就不會有阻擋顯化的信念。這個例子可以延伸到任何未知的事情上，例如結交異性朋友、任何的比賽、重要考試、面試等等，我們都可以藉由觀想來消除疑惑與恐懼的信念，讓我們的人生更加順利。

雕塑你的新人生

從即日起，無時無刻修正你所覺察到的過去信念，每一個信念，都是你這個人生遊戲的設定，也攸關你的生活會如何呈現。我們隨時隨地、時時刻刻地覺察到對眼前人事物所升起的信念，然後修正我們固有的信念，告訴自己並暗示自己新的信念。至於要用哪一個信念來替代？如果有非常明確的目標，知道要將我們這個人物設定成怎樣的新角色，那麼就可以按照這個目標去設定；如果沒有明確的目標，那麼只要遵循一個簡單的原則，就是把每一個受限的信念，設定得更開闊、更沒有限制。例如我覺察到「我覺得吃一頓 ×× 元的晚餐很貴」，那麼我們就把這個數字乘以十倍，告訴自己、暗示自己我是這麼認為的，能隨身將它記錄下來最好，每週重複閱讀一遍，看看自己修正了一些什麼項目，了解一下新

的自己。一年後，你會非常訝異自己轉化成一個完全不同的
人，你也會訝異你的生活境遇的徹底改變，彷彿是兩個完全
不同的人生。

後記

這本書乍看之下有兩大部份，一個是關於登出開悟，另一個是如何成為顯化大師，但它真正的分界，應該是以登出開悟為主要前提，在這個前提達成之下，選擇回家的道路，回到永恆的徹底圓滿中；或是選擇成為超級玩家，在生命的遊戲裡，隨心所欲地暢快遊玩。

而登出開悟也並非只是為了選擇回家，或成為超級玩家而要達成的前提，為什麼我們可以有上述兩個生命故事中難以抉擇的選項？原因是我們從一個我們一直信以為真的夢境中醒來，也像是我們從一個線上遊戲的主角，登出成為一位操控遊戲的玩家。登出開悟的主要意義，在於由虛妄的人生、虛妄的無盡輪迴裡解脫出來，回到自由自主的存在。

其實去喚醒睡夢中的人，是很荒謬的事情，因為畢竟是夢境，對方遲早也會覺醒，何必在對方沉溺於夢境時，去告訴對方其實眼前一切只是一場夢呢？所以這本書是給兩種人看的，第一種就是正在做著惡夢，無論如何都想要停止惡夢的連續發生，即使醒來也在所不惜；而另一種是不論做著好夢還是惡夢，夢總是虛幻的，想要不計代價也要求得真實，不願活在虛妄的世界裡度日子。如果你不是這兩種人，你為何要醒來呢？如果沒有一個非常堅定的決心，是無法完成的，因為我們活在生命的故事性當中，太多的故事性對我們來說極為重要，那些重要性都會把我們束縛在故事裡而難以離開。

　　所以這本書的誕生，並不是要傳達一種思想或知識，它並非哲學性的書籍，也不需要記得書中的內容，而是當你直接接觸書中文字時，所帶給你的轉化。這本書是一個直接的引導，無論是書中的十五項功課，或是各章節的內容，都會潛移默化地改變你。如果要登出開悟，這本書應該一看再看。

紫焰官方網站
https://www.violet-flames.com/

紫焰網路商城
https://www.violet-flames.com/shop/

紫焰視頻館(簡體中文)
https://cn.violet-twin-flames.com

雙生紫焰YouTube中文頻道
https://reurl.cc/n5Z67D

雙生紫焰Youtube英文頻道
https://reurl.cc/WXqaDL

雙生紫焰Facebook專頁
https://www.facebook.com/VioletTwinFlames

雙生紫焰Instagram中文
https://www.instagram.com/violettwinflames1111/

雙生紫焰Instagram英文
https://www.instagram.com/violettwinflames_english/

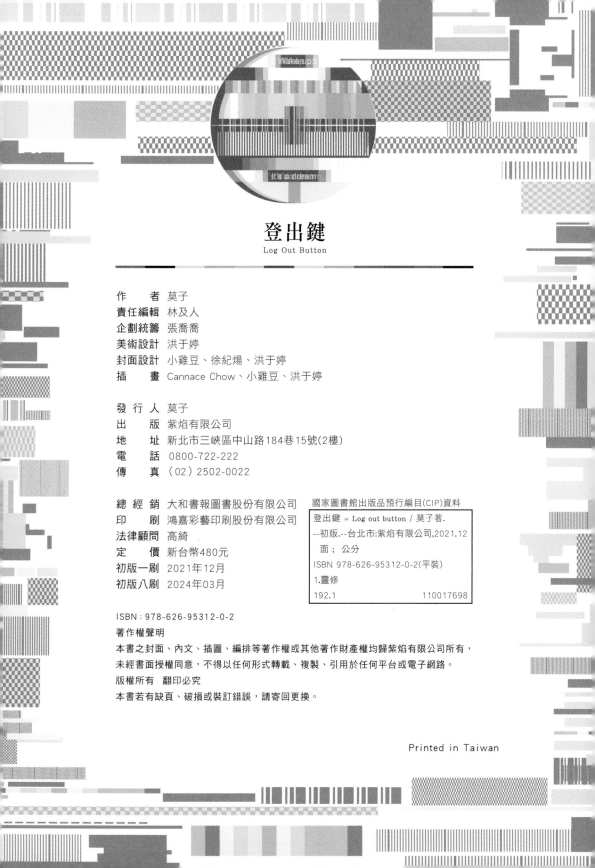

登出鍵
Log Out Button

作　　者　莫子
責任編輯　林及人
企劃統籌　張喬喬
美術設計　洪于婷
封面設計　小雞豆、徐紀煬、洪于婷
插　　畫　Cannace Chow、小雞豆、洪于婷

發 行 人　莫子
出　　版　紫焰有限公司
地　　址　新北市三峽區中山路184巷15號(2樓)
電　　話　0800-722-222
傳　　真　（02）2502-0022

總 經 銷　大和書報圖書股份有限公司
印　　刷　鴻嘉彩藝印刷股份有限公司
法律顧問　高綺
定　　價　新台幣480元
初版一刷　2021年12月
初版八刷　2024年03月

ISBN：978-626-95312-0-2

國家圖書館出版品預行編目(CIP)資料

登出鍵 = Log out button / 莫子著.
--初版.--台北市:紫焰有限公司,2021.12
　面；　公分
ISBN 978-626-95312-0-2(平裝)
1.靈修
192.1　　　　　　　　　110017698

Printed in Taiwan